DAS IST MEIN VENEDIG

Gudrun Raether-Klünker

studierte Politische Wissenschaft und Germanistik und ist heute als freie Reisejournalistin und Redakteurin tätig. Regelmäßig bereist sie die Mittelmeerländer Italien und Griechenland. Venedig ist dabei eines ihrer absoluten Lieblingsziele.

Venedig ist aus dem Meer geboren, und bis heute bestimmt das Wasser Rhythmus und Leben in der Lagunenstadt. Rund 180 Kanäle durchziehen die »Erlauchteste«, 400 Brücken verbinden Gassen, Campi und die Menschen in den Vierteln miteinander.

Das Leben am, auf und mit dem Wasser fasziniert mich stets aufs Neue. Ob Hochzeit, Begräbnis oder Umzug – alles wird per Boot erledigt. Wie schon vor Jahrhunderten, als hier Künstler wie Bellini, Carpaccio, Tintoretto, Tizian in prunkvollen Palästen einzigartige Kunstwerke schufen. Egal wohin man sich wendet in Venedig, kaum geht man ein paar Schritte, steht man wieder vor einem Palazzo, einer prächtigen Kirche oder einem Museum. Die Dichte an Kunst- und architektonischen Schätzen raubt mir jedes Mal den Atem. Allabendlich finden hervorragende Barockkonzerte in den schönsten Kirchen und Palästen Venedigs statt und sorgen auch für musikalischen Hochgenuss. Abends bummle ich am liebsten den Zattere entlang.

Im Sommer weht hier ein laues Lüftchen, am anderen Ufer erstrahlt die Kirche Il Redentore in blassem Grün. An der Punta della Dogana weitet sich der Blick auf das nächtliche San-Marco-Becken mit der Silhouette des Dogenpalastes. Venedig ist und bleibt für mich, was es ist – ein magischer Ort.

MEINE LIEBLINGE

Hier schlägt das Herz der Autorin höher

1 **Zur Morgendämmerung gehört die Gegend um die Rialtobrücke** noch ganz den Venezianern. Boote werden entladen, Güter verladen, das Leben erwacht – wunderschön zu beobachten von der Riva del Vin aus. › **S. 20**

2 **Ohne ein barockes Konzert** in der Kirche San Vidal würde mir bei einem Venedig-Besuch etwas fehlen; Interpreti Veneziani ist eines der besten Orchester der Lagunenstadt. Einfach hinreißend! › **S. 24**

3 **In der Enoteca Al Bottegon** ein Glas Wein im Stehen, dazu frisch zubereitete, köstliche *cicchetti* – für mich der perfekte Auftakt eines venezianischen Abends. Im Sommer gern auch draußen vor der Brücke am Wasser unterm Sternenhimmel. › **S. 59**

4 **Auf dem Gemüseschiff an der Ponte dei Pugni** häufen sich Berge von Tomaten, Pfirsichen und Trauben. Die gibt es zwar auch anderswo, aber nicht annähernd so stilvoll präsentiert wie hier. › **S. 60**

5 **Tintorettos Gemälde »Tempelgang Mariens«** in der Kirche Madonna dell'Orto inspirierte Rilke zu dem Gedicht »Das Marien-Leben«. Und nicht nur den Dichter! Auch mich berührt das Bild jedes Mal aufs Neue – mehr als das Original von Tizian in der Accademia. › **S. 83**

6 **Das Modell des letzten »Bucintoro«** im Museo Storico Navale. Die seinerzeit von 200 Ruderern bewegte Prachtgaleere der Dogen mit ihren vergoldeten Skulpturen fasziniert mich immer wieder. › **S. 104**

TOP-12-HIGHLIGHTS

Die wichtigsten Sehenswürdigkeiten auf einen Blick

1 **Canal Grande** Herrliche Paläste säumen die berühmte Wasserstraße. › **S. 10**

2 **Basilica di San Marco** Prächtige Kuppeln, einzigartige Kunstschätze und Mosaiken zieren den Markusdom. › **S. 16**

3 **Palazzo Ducale** Er ist ein bildschönes Beispiel venezianischer Baukunst. › **S. 16**

4 **Ponte di Rialto** Die Brücke ist das Wahrzeichen der Lagunenstadt. › **S. 20**

5 **Teatro La Fenice** Das Theater zählt zu den größten und schönsten Opernhäusern Italiens. › **S. 23**

6 **Santa Maria Gloriosa dei Frari** Mit ihren Kunstwerken zählt sie zu den bedeutendsten Kirchen Venedigs. › **S. 39, 66**

7 **Scuola Grande di San Rocco** Einzigartig ist Tintorettos Gemäldezyklus im Palazzo. › **S. 40, 66**

8 **Campanile San Giorgio Maggiore** Vom Turm hat man einen grandiosen Blick. › **S. 48**

9 **Collezione Peggy Guggenheim** Berühmte Werke der klassischen Moderne sind hier ausgestellt. › **S. 55**

10 **Madonna dell'Orto** Die spätgotische Kirche ist die Grabstätte von Tintoretto. › **S. 83, 86**

11 **Basilica Santi Giovanni e Paolo** Hier liegen zahlreiche Dogen begraben. › **S. 100**

12 **Santa Maria Assunta** Das älteste Bauwerk der Lagune auf Torcello fasziniert mit byzantinischen Fresken. › **S. 127**

Tour 1

Venedigs Prachtstraße: der Canal Grande ★ 1

Santa Maria degli Scalzi › Ca' Pesaro › Ca' d'Oro › Ponte di Rialto › Ca' Farsetti › P. Mocenigo › Ca' Foscari › Ca' Rezzonico › P. Grassi › Gallerie dell'Accademia › P. Venier dei Leoni › Ca' Dario › Punta della Dogana

Start: Ⓥ Ferrovia (1, 2, 3, 4.1, 4.2, 5.1, 5.2, N)
Ziel: Ⓥ San Marco Vallaresso (1, 2, N)
Wann: bei gleißendem Sonnenschein, in der Dämmerung und bei Nebel gleichermaßen stimmungsvoll
Distanz: 4 km

Noble Paläste und eindrucksvolle Kirchen säumen die berühmte Wasserstraße. Bei einer Vaporettofahrt über den s-förmigen, 3,8 km langen Canal Grande, der Venedig in zwei Hälften teilt, lernt man die prachtvolle Schauseite der Palazzi kennen und gleitet unter der berühmten Rialtobrücke hindurch.

Vaporetto

Der Canal Grande gehört zweifellos zu den schönsten Wasserstraßen der Welt. Bei der rund 40-minütigen Fahrt mit dem Vaporetto über den »Canalazzo«, wie die Venezianer ihre Prachtstraße nennen, ursprünglich ein Nebenarm des Flusses Brenta, gleitet man vorbei an einem gebauten Kompendium venezianischer Architekturgeschichte. Etliche der Palazzi mit ihren gotischen, barocken oder klassizistischen Fassaden, deren wahre Pracht man erst von der Wasserseite aus erkennt, werden auf ewig verbunden sein mit den Namen bedeutender Dogen oder Adliger; einige sind in spektakuläre Museen umgewandelt worden, andere in städtischer Nutzung.

Wer zum ersten Mal den Canal Grande befährt, sollte vielleicht einfach das Gesamtkunstwerk auf sich wirken lassen. Und dennoch – einige Bauten verdienen ganz besondere Aufmerksamkeit: Vorbei an der Kirche **Santa Maria degli Scalzi** 1 erblickt man kurz hinter dem Anleger Marcuola linker Hand den Renaissancepalast **Vendramin-Calergi** 2. Wo heute das Spielcasino untergebracht ist, starb am 13. Februar 1883 Richard Wagner. An der anderen Kanalseite erhebt sich alsbald ein weißer Palast: **Ca' Pesaro** 3, 1628 von Baldassare Longhena erbaut, mit istrischem Kalkstein verblendet und nach dem Dogenpalast der zweitgrößte Venedigs. Hier haben die **Galleria d'Arte Moderna** mit Werken von Klimt, Rodin, Chagall und Kandinsky sowie das **Museo d'Arte Orientale** eine Heimat gefunden. Ein weiteres Kunstmuseum ist in der schräg gegenüber gelegenen, gotischen **Ca' d'Oro** 4 untergebracht, deren noch immer märchenhaft schöne Fassade einst reich mit Blattgold verziert war. Es folgt die **Ca' da Mosto** 5. In dem noblen Gasthaus haben bis zum Ende der Republik Mitglieder verschiedener Königshäuser Quartier bezogen. Vorbei am bunten, quirligen **Gemüse- und Fischmarkt** 6 erreicht man den weltberühmten **Ponte di Rialto** 7. Mitte des 12. Jhs. wurde am Rialto (*rivo alto* = hohes Ufer), wo Venedigs Siedlungsgeschichte ihren Anfang nahm, eine erste Brücke aus Holz errichtet, die in der Mitte geöffnet werden konnte; die heutige steinerne Brücke stammt aus dem Jahr 1591.

Ca' d'Oro

Rialtobrücke

Anschließend lohnen linker Hand drei Palazzi einen kurzen Blick: der von der klassischen Renaissance geprägte **Palazzo Dolfin-Manin** 8, nun Sitz der Banca d'Italia, die **Ca' Farsetti** 9, in der Venedigs Rathaus untergebracht ist, und der aus der Mitte des 16. Jhs. stammende **Palazzo Grimani** 10, Sitz des Appellationsgerichtshofes. Vom Anleger San Tomà blickt man gegenüber auf die Schauseite der vier **Palazzi Mocenigo** 11; in dem von Löwenköpfen dominierten Trakt residierte im 19. Jh. der britische Dichter Lord Byron. Die spätgotische **Ca' Foscari** 12 fungiert heute als Hauptgebäude der Universität. Es folgt die klassizistische **Ca' Rezzonico** 13, in der ein Museum über die Alltags- und Wohnkultur im 18. Jh. informiert (tgl. 10–18, Nov. bis März 10–17 Uhr). Gegenüber der auffallende **Palazzo Grassi** 14, der seit dem Umbau durch den Stararchitekten Tadao Ando und dem Einzug der Sammlung Pinault zu den spannendsten Kunstadressen Venedigs zählt.

Am **Ponte dell'Accademia** sieht man rechter Hand die berühmte **Gallerie dell'Accademia** 15, Venedigs wichtigste Gemäldegalerie. Nicht weniger spektakulär: die **Collezione Peggy Guggenheim**, untergebracht im unvollendeten **Palazzo Venier dei Leoni** 16. Ein Fluch, so heißt es, liege über der **Ca' Dario** 17, einem Juwel der Frührenaissance. Tatsächlich wurden zahlreiche Bewohner von Unglücks- und Todesfällen heimgesucht. Vorbei an der **Punta della Dogana** 18 samt neuem Museum für zeitgenössische Kunst steuert das Vaporetto nun auf den Anleger San Marco Vallaresso zu.

MAL PAUSE MACHEN

Am Ende der Tour verlockt eine legendäre Adresse zu einer Rast: In **Harry's Bar** nahmen schon Ernest Hemingway und Frank Sinatra einen Drink.
• Calle Vallaresso 1323

Touren im Anschluss: 2, 3, 4, 10, 12, 23, 24

C. Ghetto Nuovo
San Giobbe
Getto
S. Maria d. Misericordia
Cannaregio
Parco Savorgnan
Palazzo Vendramin-Calergi (R. Wagner)
S. Marcuola
S. Marcuola
R.t.L. d. Spagna
S. Geremia
Canal Grande
Stazione Ferroviaria (Bahnhof) Santa Lucia
Santa Maria degli Scalzi
Riva di Biasio
San Stae
S. Zan Degolà
R. d. S. Zan Degolà
Ca' d'Oro
Strada Nuova
S. Sofia
Apostoli
Ferrovia
Rio Marin
S. Simeon Grande
Ca' Pesaro
Galleria d'Arte Moderna
Ca' d'Oro
S. Croce
S. Simeon Piccolo
C. d. S. G. dall'Orio
S. Giacomo dall'Orio
S. Cassiano
C. dei Botteri
Ca' da Mosto
Gemüse- & Fischmarkt
Rialto Mercato
San Polo
R. Orefici
Ponte di Rialto
Giardino Papadopoli
S. Giovanni Evangelista
S. Aponal
Ple. Roma
Campo S. Polo
C. Madonetta
Rialto
C.d. Bartolomeo
Rio di San Polo
C.d. S. Silvestro
S. N. d. Tolentino
S. Rocco
S. Maria Gloriosa d. Frari
S. Polo
Palazzo Dolfin-Manin
Teatro Goldoni
Ca' Farsetti
S. Pantalon
S. Tomà
Canal Grande
Pal. Grimani
Campo Manin
Rio Nuovo
S. Tomà
S. Angelo
Teatro Rossini
Rio Foscari
San Marco
Campo d. S. Margherita
Ca' Foscari
Pal. Mocenigo
Campo S. Angelo
Piazza San Marco
Pal. Grassi
La Fenice
Harry's Bar
Ca' Rezzonico
S. Stefano
S. Moisè
S. Maria d. Carmini
Rio di San Barnaba
S. Samuele
C. Larga 22 Marzo
Ca' Rezzonico
Campo S. Stefano
Teatro dell'Avogaria
S. Vidal
Teatro Ridotto
San Marco Vallaresso
P. Contarini-Fasan
Rio di San Trovaso
Accademia
Ponte dell' Accademia
S.M. del Giglio
Canal Grande
Salute
S. Trovaso
Galleria dell'Accademia
Ca' Dario
Rio Ognissanti
Pal. Venier dei Leoni (Peggy Guggenheim Collection)
S. Maria della Salute
Punta della Dogana
Dorsoduro
S. Agnese
Gesuati
Canale della Giudecca
Molino Stucky
Giudecca
N
0
300 m

Tour 2

Herz der Serenissima: Piazza San Marco

Markusbibliothek › Campanile › Prokuratien › Museo Civico Correr › Biblioteca Marciana › Torre dell'Orologio › Basilica di San Marco › Palazzo Ducale › Seufzerbrücke

Start: Ⓥ San Marco Vallaresso (1, 2, N)
Ziel: Ⓥ San Zaccaria (1, 2, 4.1, 4.2, 5.1, 5.2, 7, 14, 15, 19, 20, N)
Wann: jederzeit, am schönsten am frühen Morgen, wenn der Platz noch eine magische Ruhe ausstrahlt
Distanz: 1 km

Atemberaubende Bauwerke wie die Basilica di San Marco, der Dogenpalast und die Prokuratien machen die Piazza San Marco zum Herzstück Venedigs. Napoleon nannte das Geviert einst den »schönsten Salon Europas«.

Man verlässt das Vaporetto und hält sich rechts. Vorbei an der Touristinformation (tgl. 9–16 Uhr) geht es Richtung Markusplatz. Am Tage herrscht zwischen den zahlreichen Souvenir- und Maskenständen dichtes Gedränge. Rasch ist über Piazzetta die berühmte Piazza San Marco erreicht. Als weithin sichtbare Machtdemonstration erheben sich zwischen Dogenpalast (Palazzo Ducale) und der in einem prachtvollen Renaissancegebäude untergebrachten **Biblioteca Marciana** mit kostbarer Handschriftensammlung (Eingang über Museo Civico Correr) zwei großen Granitsäulen, die **Colonne di San Marco e San Todaro,** die im 12. Jh. ihren Weg aus dem Orient nach Venedig fanden. Eine Säule trägt die Statue des Hl. Theodor, bis zum Raub der Markusreliquien oberster Schutzpatron Venedigs, die andere Säule den Markuslöwen, das venezianische Wappentier. Bis heute vermeiden es die Venezianer, zwischen den Säulen hindurchzugehen, denn hier befand sich früher eine Hinrichtungsstätte.

Zur Linken liegt das **Gran Caffè Chioggia.** Vom Spiel des Kaffeehausorchesters begleitet bummelt man zum 98 m hohen **Campanile** 1. Bereits im 9. Jh. soll hier, am einstigen Uferbecken ganz nahe der Basilica di San Marco, ein Wacht- oder Leuchtturm gestanden haben. Der im 12. Jh. erbaute Campanile stürzte 1902 ein, wurde jedoch originalgetreu wieder aufgebaut. Ein Fahrstuhl bringt einen binnen weniger Sekunden nach oben, von wo sich ein grandioser Blick über Venedig bietet (April–Juni, Sept./Okt. 9–19, Juli/Aug. 9–21, Nov.–März 9–16.15 Uhr).

Basilica di San Marco

Wieder zurück auf der **Piazza San Marco,** dem einzigen Platz Venedigs, der sich Piazza nennen darf (alle anderen heißen Campo bzw. Campiello), muss man sich seinen Weg durch Touristengruppen, fliegende Händler und flatternde Tauben bahnen, um das Gesamtkunstwerk von der Ala Napoleonica aus betrachten zu können, dem Abschluss des L-förmigen Platzes. Vorbei an den **Procuratie Nuove,** wo sich u. a. das berühmte **Caffè Florian** 2 (s. Restaurants, S. 134) befindet, gelangt man zur **Ala Napoleonica** mit Eingang zum **Museo Civico Correr** 3, das Venedigs Kulturgeschichte dokumentiert. In den **Procuratie Vecchie** hatten einst die Verwaltungsbeamten der Seerepublik ihre Amtsstuben. Heute laden hier Geschäfte zum Bummeln ein, und Cafés wie das **Quadri** 4 oder das **Lavena** 5, in dem Richard Wagner verkehrte, kredenzen sündhaft teuren Kaffee.

Vorbei an der **Torre dell'Orologio** 6, dem Uhrturm (Besteigung möglich), gelangt man zur den Platz beherrschenden **Basilica di San Marco** 7 ★2, 832 geweiht und bis heute Sinnbild der venezianischen Republik. Nachdem die Gebeine des Hl. Markus von Kaufleuten in Alexandria gestohlen und in einem Korb mit gepökeltem Schweinefleisch nach Venedig geschmuggelt worden waren, errichtete man ihm zu Ehren hier ein Gotteshaus, das zu den schönsten und beeindruckendsten der Welt zählt (Mo–Sa 9.45–17, So, Fei 14–16/17 Uhr, Eintritt frei; in der Basilika: Schatzkammer und Pala d'Oro, Eintritt).

Von der Wasserseite her betritt man den **Palazzo Ducale** 8 ★3, einst als Sitz des Dogen, der Regierung und Justiz das Zentrum der Macht. Wo jahrhundertelang Weltgeschichte geschrieben wurde, wandelt man heute vorbei an atemberaubenden Kunstwerken wie Tintorettos »Paradies« durch die offiziellen Räume und privaten Gemächer der Dogen, nur durch die Seufzerbrücke von den Gefängnissen entfernt, in denen einst die Gegner der Serenissima unter grauenvollen Bedingungen schmorten (April–Okt. tgl. 8.30–19, sonst bis 17.30 Uhr). Wieder zurück auf der Piazza San Marco, sollte man ein Stück an der **Riva degli Schiavoni** entlangschlendern. Links erblickt man die berühmte **Seufzerbrücke** 9 von der aus die Verurteilten auf ihrem Weg ins Staatsgefängnis einen letzten sehnsüchtigen Blick in die Freiheit werfen konnten.

MAL PAUSE MACHEN

Im **Saal des Großen Rats** im Palazzo Ducale hängt das größte je auf Leinwand gemalte Ölgemälde der Welt: Tintorettos »Paradies«. Lassen Sie es auf sich wirken!

Touren im Anschluss: 3, 4, 10, 11, 12, 23, 24

San Salvatore
Santa Maria della Fava
Alle Testiere
Santa Maria Formosa
Pal. Malipiero
Fondazione Querini-Stampalia
San Zulian (San Giuliano)
Pasticceria Marchini
Do Forni
Pal. Trevisan
Campo SS. Filippo e Giacomo
Venini
Piazzetta dei Leoni
Torre dell'Orologio
Caffè Lavena
Procuratie Vecchie
Basilica di San Marco
Venezia
Caffè Quadri
Piazza San Marco
Campanile
Seufzerbrücke
Saal des Großen Rats
Ponte dei Sospiri
Ala Napoleonica
Caffè Florian
Museo Civico Correr
Palazzo Ducale
Procuratie Nuove
Biblioteca Marciana
Gran Caffè Chioggia
Piazzetta
Molo
Riva degli Schiavoni
San Zaccaria
Colonne di San Marco e San Todaro (Säulen der Hl. Markus und Theodor)
Giardini ex Reali
San Marco Giardinetti
Teatro Ridotto
Harry's Bar
Capitaneria del Porto
Fondamenta delle Farine
San Marco Vallaresso
Bacino di San Marco
Canal Grande
Punta della Dogana
N
0
100 m
1 cm = 50 m

Tour 3

Shoppingtour zwischen San Marco und Rialto

Piazza San Marco › Torre dell'Orologio › Calle Specchieri › San Giuliano › San Salvatore › Campo San Lio › Fondaco dei Tedeschi › Ponte di Rialto

Start: Ⓥ San Marco Vallaresso (1, 2, 10, N)
Ziel: Ⓥ Rialto (1, 2, N)
Wann: tgl., auch bei Regen; sonntags bleiben einige Geschäfte geschlossen
Distanz: 1,5 km

Hier findet man alles, was das Herz begehrt: in den Mercerie, den lebhaften Einkaufsgassen zwischen Markusplatz und Rialto. Wo vor Jahrhunderten heimische und exotische Waren umgeschlagen wurden, locken jetzt exquisite Boutiquen internationaler Couleur.

Torre dell'Orologio

Wer die **Piazza San Marco** durch die **Torre dell'Orologio** 1 verlässt, findet sich unversehens im lebhaften Geschäftsviertel Venedigs wieder. Seit Jahrhunderten schon herrscht in den Mercerie dichtes Gedränge. Designerboutiquen alla Prada, Versace, Gucci, Armani, Laura Biagotti und Co. ziehen ein zahlungskräftiges Publikum an. Eine nette Alternativroute ist die parallel verlaufende, schmale **Calle Specchieri,** die historische Gasse der Spiegelmacher. Wer mag, wirft vorab einen Blick in das Geschäft von **Venini** (s. Shopping, S. 145), Synonym für ausgefallene, exquisite Glasobjekte. Der

Weg führt vorbei an zahlreichen Souvenirgeschäften, die Schmuck, Glaswaren aus Murano oder Textilien anbieten. In der Calle Specchieri kann man im Restaurant **Do Forni** einkehren (s. Restaurants, S. 135), das dem legendären Orient-Express nachempfunden wurde.

Nach wenigen Schritten ist die Mitte des 16. Jhs. erbaute Kirche **San Giuliano (San Zulian)** 2 am gleichnamigen Campo erreicht, ihre Fassade geht auf Pläne Sansovinos zurück (im Sommer tgl. 8.30–18.30, im Winter bis 17 Uhr).

Am **Campo San Salvatore** erhebt sich die Kirche **San Salvatore** 3, entstanden 1507 bis 1534 nach Plänen Sansovinos sowie Pietro und Tullio Lombardos. Der Renaissancebau ist mit bedeutenden Kunstwerken ausgestattet. Rechter Hand befindet sich das Grabmal Francesco Veniers (1489–1556), des 81. Dogen von Venedig, der zu den wohlhabendsten Männern der Stadt zählte und für eine friedliche Epoche in der Stadtgeschichte steht. Die Plastiken »Carità« (Wohltätigkeit) und »Speranza« (Hoffnung) sind Arbeiten Sansovinos. Im rechten Querhaus ist Caterina Cornaro beigesetzt, die 1663 verstorbene Königin von Zypern (tgl. außer So 9–12, 16–18, im Winter 9–12, 15–18 Uhr, Eintritt frei).

Über die Calle dei Stagneri, wo sich das freundliche **Ristorante Da Mario alla Fava** (Calle dei Stagneri 5242, €€€) versteckt, läuft man über eine Brücke geradewegs auf **Santa Maria della Fava** 4 zu. Warum die aus dem 18. Jh. stammende schlichte, eigentlich Santa Maria della Consolazione heißende Kirche mit ihrer Ziegelsteinfassade im Volksmund zur »Bohnenkirche« wurde, dazu gibt es mehrere Legenden. Den ersten Altar rechts schmückt ein Gemälde Tiepolos, den zweiten Altar links ein Werk Piazzettas (8–11.30, 16.30–19 Uhr).

Die schmale Calle del Fava führt direkt zum **Campo San Lio,** wo in der Kirche **San Lio** 5 abends häufig stimmungsvolle Konzerte stattfinden; ein Fresko von Tiepolo ziert die Decke (Mo, Fr 9–12, Sa, So 9–11.30, 15.30–16.30 Uhr). Kunstwerke sind auch die Schuhkreationen von **Giovanna Zanella** (s. Shopping, S. 142), deren Geschäft nur einen Katzensprung von San Lio entfernt liegt. Auf dem Weg Richtung Canal Grande passiert man den **Fondaco dei Tedeschi** 6, den ehemaligen deutschen Handelshof, der sich mit Blick auf die Rialtobrücke in wahrlich bester Lage befindet, zurzeit aber wegen Umbauarbeiten eingerüstet ist (bis 2016/2017. Musikfans sollten von der Salizzada Pio X, die auf die Rialtobrücke zuführt, rechts in den Ramo dei Tedeschi einbiegen. Denn hier befindet sich mit dem **Tempio della Musica** (s. Shopping, S. 145) eine wahre Fundgrube für CDs aller Musikrichtungen. Und schräg gegenüber locken bei **Millevini** edle Weine (s. Shopping, S. 144).

Giovanna Zanella

Der Spaziergang endet am **Ponte di Rialto** 7 4 1, bis Mitte des 19. Jhs. der einzige Übergang über den Canal Grande. Bis heute erinnern die Ufernamen daran, dass sich hier einst das Handelszentrum der Stadt befand. Und noch immer ist der **Ponte Rialto** mit seinen Geschäften und dem nahe gelegenen Markt das Herzstück des Wirtschaftslebens. Als die ursprüngliche Holzbrücke 1591 durch die heutige Steinbrücke ersetzt wurde, mussten dafür 12 000 Pfähle in den Grund gerammt werden!

MAL PAUSE MACHEN

Bevor man an heißen Sommertagen in den Trubel an der Rialtobrücke eintaucht, lohnt ein Stopp für ein kühles Bier im **L'Olandese Volante.**
• Campo San Lio

Touren im Anschluss: 6, 7, 22

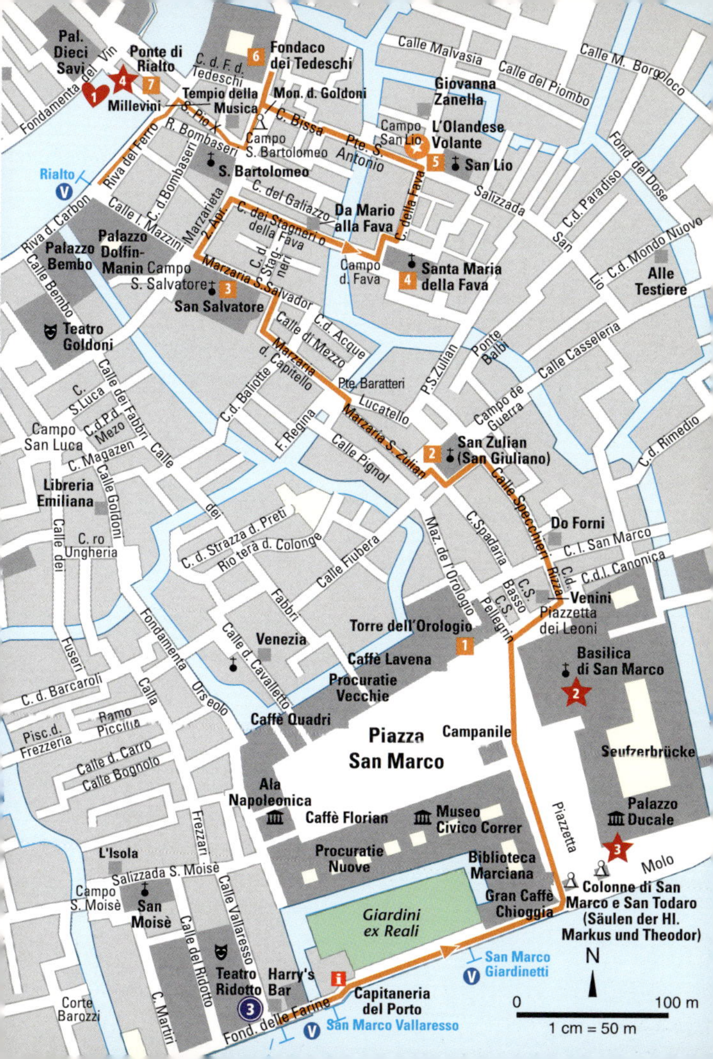

Pal. Dieci Savi
Ponte di Rialto
Fondaco dei Tedeschi
Calle Malvasia
Calle M. Borgoloco
Calle del Piombo
Fondamenta del Vin
C. d. F. d. Tedeschi
Tempio della Musica
Millevini
Mon. d. Goldoni
Giovanna Zanella
S. Pio X
C. Bissa
Campo San Lio
L'Olandese Volante
R. Bombaseri
Campo S. Bartolomeo
Pte. S. Antonio
San Lio
Fond. del Dose
Rialto
Riva del Ferro
S. Bartolomeo
Salizzada
C.d. Paradiso
Riva d. Carbon
C. d. Bombaseri
Marzarieta 2. Apr.
C. del Galiazzo
Da Mario alla Fava
C. della Fava
San
Calle l. Mazzini
C. dei Stagneri o della Fava
Lio
C.d. Mondo Nuovo
Palazzo Bembo
Palazzo Dolfin-Manin
Campo S. Salvatore
C. d. Stagneri
Campo d. Fava
Santa Maria della Fava
Alle Testiere
Calle Bembo
Marzaria S. Salvador
San Salvatore
Teatro Goldoni
Calle di Mezzo
C.d. Acque
Marzaria d. Capitello
Ponte Balbi
Calle Casseleria
C.d. Balliotte
Pte. Baratteri
P.S. Zulian
C. S. Luca
Calle dei Fabbri
Campo San Luca
C.d.P.d. Mezo
Lucatello
Campo de Guerra
F. Regina
Marzaria S. Zulian
C. Magazen
Calle Pignol
San Zulian (San Giuliano)
C.d. Rimedio
Libreria Emiliana
Calle Goldoni
Calle Specchieri
Do Forni
C. ro Ungheria
C. d. Strazza d. Preti
Rio terà d. Colonge
Maz. de l'Orologio
C. Spadaria
C. l. San Marco
Calle Fiubera
C.d.l. Canonica
Calle dei Fuseri
Fabbri
C.S. Basso
C.S. Pellegrin
C.d. Rizzi
Venini
Piazzetta dei Leoni
Fondamenta Orseolo
Torre dell'Orologio
Calle d. Cavalletto
Venezia
Caffè Lavena
Basilica di San Marco
C. d. Barcaroli
Calla
Procuratie Vecchie
Ramo Piccina
Caffè Quadri
Piazza San Marco
Campanile
Pisc. d. Frezzeria
Seufzerbrücke
Calle d. Carro
Calle Bognolo
Ala Napoleonica
Caffè Florian
Museo Civico Correr
Piazzetta
Palazzo Ducale
Procuratie Nuove
Frezzaria
L'Isola
Biblioteca Marciana
Molo
Salizzada S. Moisè
Calle Vallaresso
Campo S. Moisè
San Moisè
Gran Caffè Chioggia
Colonne di San Marco e San Todaro (Säulen der Hl. Markus und Theodor)
Calle del Ridotto
Giardini ex Reali
San Marco Giardinetti
N
Teatro Ridotto
Harry's Bar
Capitaneria del Porto
Corte Barozzi
C. Martiri
Fond. delle Farine
San Marco Vallaresso
0
100 m
1 cm = 50 m

Tour 4

Musik liegt in der Luft

Piazza San Marco › San Moisè › Teatro La Fenice › San Fantin › Campo Zobenigo › Santa Maria del Giglio › San Maurizio › Santo Stefano › San Vidal

Start: Ⓥ San Marco Vallaresso (1, 2, 10, N)
Ziel: Ⓥ Accademia (1, 2, N)
Wann: jederzeit; bei Proben im Teatro La Fenice evtl. eingeschränkte Zeiten für die Audioguide-Tour
Distanz: 2 km

Was wäre Venedig ohne seine Musik? Ohne Vivaldi, Monteverdi, Rossini? Die stimmungsvollen Kirchenkonzerte zählen zu den Höhepunkten eines Venedig-Besuchs. Und dann ist da ja auch noch das Teatro La Fenice, eines der bekanntesten Opernhäuser der Welt.

Man verlässt die **Piazza San Marco,** mitunter begleitet von leiser Orchestermusik, durch die Ala Napoleonica, den krönenden Abschluss des berühmten Platzensembles. Die belebte **Salizzada San Moisè** säumen Boutiquen von Nobelmarken wie Prada, Gucci und Bulgari. Wer sofort wieder nach links in die Calle Vallaresso einbiegt, stößt ganz am Ende linker Hand auf einen unscheinbaren Hauseingang. Dahinter verbirgt sich eine Institution: **Harry's Bar** 1 (s. Restaurants, S. 136), wo schon Frank Sinatra und Ernest Hemingway gerne einen Drink nahmen. Die Tour geht weiter entlang der Salizzada San Moisè zur 1668 errichteten

San Moisè

Kirche **San Moisè** 2. Der verschwenderische Skulpturenschmuck ihrer Barockfassade musste im 19. Jh. reduziert werden, weil er die Statik gefährdete. Im Inneren ist neben dem Hochaltar Tintorettos »Fußwaschung« zu bewundern (Mo–Sa 9.30–12.30 Uhr).

Auf der Calle Larga XXII Marzo bewerben schon am Tage »Schauspieler« in barocken Kostümen die abendlichen Konzertveranstaltungen in verschiedenen Kirchen der Stadt. Von hier lohnt unmittelbar hinter der restaurierten historischen Börse ein Abstecher zum berühmten **Teatro La Fenice** 3 5 (Karten an der Kasse; s. Nightlife, S. 147), das nach mehreren verheerenden Bränden (1773, 1836 und zuletzt 1996) jedes Mal wie Phönix (ital. *fenice*) aus der Asche wieder auferstanden ist. Zahlreiche Uraufführungen, darunter von diversen Verdi-Opern, haben hier stattgefunden, weltberühmte Tenöre und Operndiven wie Maria Callas haben in diesem schönen Opernhaus ihr Publikum verzaubert. Über seine Geschichte informiert ausgesprochen unterhaltsam die rund einstündige Audioguide-Tour (tgl. 9.30–18 Uhr). Gegenüber, auf dem Campo San Fantin, liegt das kleine, im 16. Jh. erbaute Kirchlein **San Fantin,** an dem Sansovino mitwirkte. Ein beliebter Künstlertreff nach den Aufführungen ist das Ristorante **Antico Martini** (€€€).

Teatro La Fenice

Wieder zurück auf der Calle Larga 22 Marzo, lohnt ein Blick in das Schaufenster von **Jesurum** (s. Shopping, S. 142), einem Geschäft für Heimtextilien aus venezianischer Spitze. Kurz bevor man den **Campo Zobenigo** mit der Kirche **Santa Maria del Giglio** 4 (Choruskirche) erreicht – der Barockbau wurde von den

Barbaro in Auftrag gegeben und die Sockelreliefs zeigen Ansichten jener Städte, die beim Aufstieg der Adelsfamilie eine Rolle spielten –, liegt linker Hand **Il Prato** (s. Shopping, S. 144). Hier stehen handgeschöpftes Papier und daraus gefertigte Gegenstände zum Verkauf.

Musik dringt aus der klassizistischen Kirche **San Maurizio** 5 auf dem gleichnamigen Campo. Heute befindet sich hier ein Museum, in dem historische Instrumente zu bewundern sind.

Auf dem wunderschönen **Campo San Stefano/Campo F. Morosini** fanden bis zum Jahre 1802 noch die legendären Stierjagden statt. Hier sollte man eine kurze Pause einlegen und eventuell **Alberto Valese** (s. Shopping, S. 140) besuchen, einen Meister in der Herstellung marmorierten Papiers. Oder die paar Meter in die Calle de le Botteghe laufen, wo **L'Isola** feinste Glasobjekte anbietet (s. Shopping, S. 142). Am Nordende des Campo erhebt sich die Klosterkirche **Santo Stefano** 6 (Choruskirche), schon von Weitem an ihrem leicht schiefen Campanile zu erkennen. Sie besitzt eine herrliche Holzdecke in Form eines umgedrehten Schiffsrumpfes, mehrere Werke von Tintoretto und einen hübschen Kreuzgang, dessen Zugang sich allerdings am benachbarten Campo Sant'Angelo befindet.

MAL PAUSE MACHEN

Suchen sie einen freien Tisch in einem der netten Cafés am **Campo Santo Stefano**, der noch weitgehend den Venezianern gehört. Lassen Sie das Leben auf einem der schönsten Plätze Venedigs auf sich wirken.

Von Künstlern wird die nahe gelegene, aus dem 11. Jh. stammende Kirche **San Vidal** 7 ♥2 genutzt, in der an vielen Abenden von dem international bekannten Ensemble **Interpreti Veneziani** stimmungsvolle Barock- und Vivaldi-Konzerte gegeben werden.

Touren im Anschluss: 5, 12

Piazza San Marco
S. Marco
Dorsoduro
Canal Grande
Torre dell'Orologio
Procuratie Vecchie
Caffè Lavena
Campanile
Piazzetta dei Leoni
Caffè Quadri
Ala Napoleonica
Caffè Florian
Museo Civico Correr
Biblioteca Marciana
Procuratie Nuove
Gran Caffè Chioggia
Piazzetta
Giardini ex Reali
Capitaneria del Porto
San Marco Giardinetti
San Marco Vallaresso
Teatro Ridotto
Harry's Bar
Fond. delle Farine
C. Vallaresso
Sal. S. Moisè
Cpo S. Moisè
San Moisè
C. del Ridotto
C. Martiri
Frezzari
Fond. Orseolo
C. d. Cavalle
Calle
R. Piccina
C. d. Carro
C. Bognolo
C. d. Frutariol
C. d. Barcaroli
Pal. Contarini del Bovolo
Ateneo Veneto
C. d. Verona
R. Feretti
Cpo S. Fantin
S. Fantin
Antico Martini
C. d. Sartor Veste
C. d. Fenice
Teatro La Fenice
F. Fenice
Jesurum
Calle Larga 22 Marzo
Flora
C. Berga maschi
C. d. Traghetto
C. Barozzi
Cte Barozzi
P. Contarini-Fasan
C. d. Caffettier
C. Caotorta
C. d. Spezier
C.v.i. Campo
Campo St. Angelo
Santo Stefano
Campo S. Stefano
Museo d. Musica
Chiesa di San Maurizio
S. Maria d. Giglio
C. d. Piovan
Cpo Zobenigo
C. d. Ostreghe
Il Prato
Cpo S.M. del Giglio
C. Gritti
Cpo d. Traghetto
S.M. del Giglio
Salute
Pte S. Maurizio
Cpo Maurizio
C. Zaguri
F. Corner Zag
C. d. Dose Da Ponte
Pal. Corner (Ca' Grande)
Campo F. Morosini
N. Tommaseo
L'Isola
Cllo d. Morti
C. d. Frati
Locanda Fiorita
C. d. Botteghe
La Salizzada Galleria
Osteria al Bacareto
C. Corner
C. Corsera
C. Moc. Ca' Vecchia
R. Lezze
C. Lezze
Sal. S. Samuele
Livio de Marchi
C. d. Orbi
C. d. Carrozze
Sal. Malipiero
C. d. Teatro
Ca' del Duca
C. Vetturi
Pal. Loredan
San Vidal
Pal. Falier
Cpo San Vidal
Alberto Valese
Cpo Pisani
Pal. Pisani
Pal. Barbaro
Accademia
Cpo d. Carità
Ponte dell' Accademia
Accademia Foscarini
Galleria dell'Accademia
Coll. V. Cini
Cpo San Vio
Pal. Da Mula
Collezione Peggy Guggenheim
Ex Chiesa S. Gregorio
Ca' Dario
C. Bastion
C. Abazia
Cpo d. Salute
Fond. D. a. Salute
Punta della Dogana
Dogana da Mar
François Pinault Foundation
Museum für Zeitgenössische Kunst
Sta Maria della Salute
Saloni
Fond. Zattere ai
Pte dell'Umiltà
C. d. Squero
R. t. d. Catecumeni
R. t. d. Catecumeni
C. Lanza
Fond. Soranzo d. Fornaci
Ca'Balà
Museo Emilio Vedova
C. e Sott. Molin
Fond. V. d. Leoni
Fond. Ospedaleto
Cte d. Sabbion
R. terà San Vio
Cllo Incurabili
Galleria Loris Marazzi
C. d. Chies
C. Franchi
Pisc. d. Forner
Pisc. Venier
Venier dln
American Dinesen
Sant Agnese
C. Capuzzi
C. d. Squero
C. S. Domenego
Fond. d. Ca' Braga
Fond.
C. A.d. Pte
N
0
100 m
1cm = 70 m

Tour 5

Plätze und Palazzi

Campo San Samuele › Palazzo Grassi › Santo Stefano › Palazzo Fortuny › Palazzo Contarini del Bovolo › Teatro Goldoni › Palazzo Dolfin-Manin › Ponte di Rialto

Start: Ⓥ **San Samuele (2, N)**
Ziel: Ⓥ **Rialto (1, 2, N)**
Wann: **zu jeder Jahreszeit**
Distanz: **1,5 km**

San Marco ist das geschäftigste aller Stadtsechstel. Und doch gibt es auch hier stille Gassen und Innenhöfe, stimmungsvolle Campi, eindrucksvolle Palazzi – und überraschende Sehenswürdigkeiten wie die François-Pinault-Ausstellung im Palazzo Grassi oder die zauberhafte Scala Contarini del Bovolo.

Schon vom Canal Grande aus ist er nicht zu verfehlen: der an den **Campo San Samuele** grenzende **Palazzo Grassi** 1 (www.palazzograssi.it). Meist weist ein imposantes Kunstobjekt auf den Tempel moderner Kunst hin, der in den vergangenen Jahren mit spektakulären Ausstellungen wiederholt für Furore gesorgt hat. Der Palazzo selbst stammt aus dem 18. Jh. und wurde für die aus Bologna stammende Familie Grassi errichtet. Stararchitekt Tadao Ando baute den Palast um, heute beherbergt er auf 5000 m² Fläche die umfangreiche private Kunstsammlung des französischen Unternehmers und Mäzens François Pinault (tgl. außer Di 10–19 Uhr).

Auf dem Weg zum stimmungsvollen **Campo Santo Stefano** mit der Kirche **Santo Stefano** 2 lohnen zwei Geschäfte einen

Livio De Marchi

Stopp: Eher kostspielig sind die ungewöhnlichen Holzobjekte von **Livio De Marchi,** beispielsweise Mäntel oder Taschen (Salizzada San Samuele 3157), während **La Salizada Galleria** historische Venedig-Fotografien, zum Teil auf Holz gezogen, zu erschwinglichen Preisen offeriert (Mo 15.30–19.30, Di–Sa 10–13, 15.30 bis 19.30 Uhr). Je nach Lust und Laune kann man sich anschließend eine erholsame Pause gönnen, damit man die bezaubernde Stimmung des Platzes, der zu den schönsten Venedigs zählt, auf sich wirken lassen.

Nur einen Katzensprung entfernt liegt der weite und vergleichsweise stille **Campo Sant'Angelo** mit seinen gotischen Hausfassaden. Beim Blick zurück erkennt man den schiefen Kirchturm von Santo Stefano. Wer Lust hat, macht den kurzen Abstecher zum **Museo Pesaro,** das im **Palazzo Fortuny** 3 untergebracht ist. Der aus Spanien stammende Stoffdesigner, Künstler und Fotograf Mario Fortuny lebte von 1899 bis 1950 in diesem gotischen Palazzo. Ein Museum erinnert an den Künstler, dessen Stoffkreationen (darunter das berühmte Plissee) einst die Hautevolee getragen hat und die bis heute in Venedig gefertigt werden (tgl. außer Di 10–18 Uhr).

Wieder zurück, gelangt man über die Calle Mandola auf den **Campo Manin,** auf dem ein Standbild an Daniele Manin erinnert, Anführer des Aufstandes von 1848 gegen die Österreicher. Ein kurzer Abstecher durch schmale Gässchen führt zum etwas versteckt gelegenen, im 15. Jh. erbauten **Palaz-**

MAL PAUSE MACHEN

Der **Campo Manin** zählt gewiss nicht zu den romantischsten Plätzen der Stadt. Wer sich hingegen direkt am Wasser niederlässt, kann hier herrliche Gondelfotos machen.

Scala Contarini del Bovolo

zo Contarini del Bovolo 4. Es ist weniger der Palazzo selbst, als vielmehr der im Innenhof befindliche Wendeltreppenturm, der einen Blick lohnt und mit seinen zierlichen Arkadenbögen anschaulich vermittelt, dass selbst enge Innenhöfe eine prachtvolle Ausgestaltung erfuhren.

Leseratten sollten vom **Campo San Luca,** dem zentralen Punkt der Stadt, einen kleinen Abstecher in die Calle Goldoni unternehmen. Hier, in Hausnummer 4487, befindet sich mit der **Libreria Emiliana** die älteste Buchhandlung Venedigs (s. Shopping, S. 143). Nicht weit entfernt davon stößt man auf das im 17. Jh. gegründete **Teatro Goldoni** 5 (www.teatrostabileveneto.it), das dem berühmten, aus Venedig stammenden Komödiendichter Carlo Goldoni (1707–1793) gewidmet ist. In dem nüchtern wirkenden Bau stehen noch immer seine berühmten Lustspiele auf dem Spielplan.

Rasch hat man von hier aus den Canal Grande mit der hinreißenden Aussicht auf den **Ponte di Rialto** erreicht. Die Riva del Carbon erinnert an Zeiten, als hier noch Kohle von den Schiffen verladen wurde. Rechter Hand erhebt sich der gotische **Palazzo Bembo** 6, einst Wohnsitz des Kardinals und humanistischen Gelehrten Pietro Bembo. Daran anschließend ein weiteres Juwel: der **Palazzo Dolfin-Manin** 7, nach Plänen von Sansovino im 16. Jh. errichtet und heute Sitz der Banca d'Italia. Am quirligen Anleger **Rialto** endet die Tour.

Touren im Anschluss: 6, 7, 22

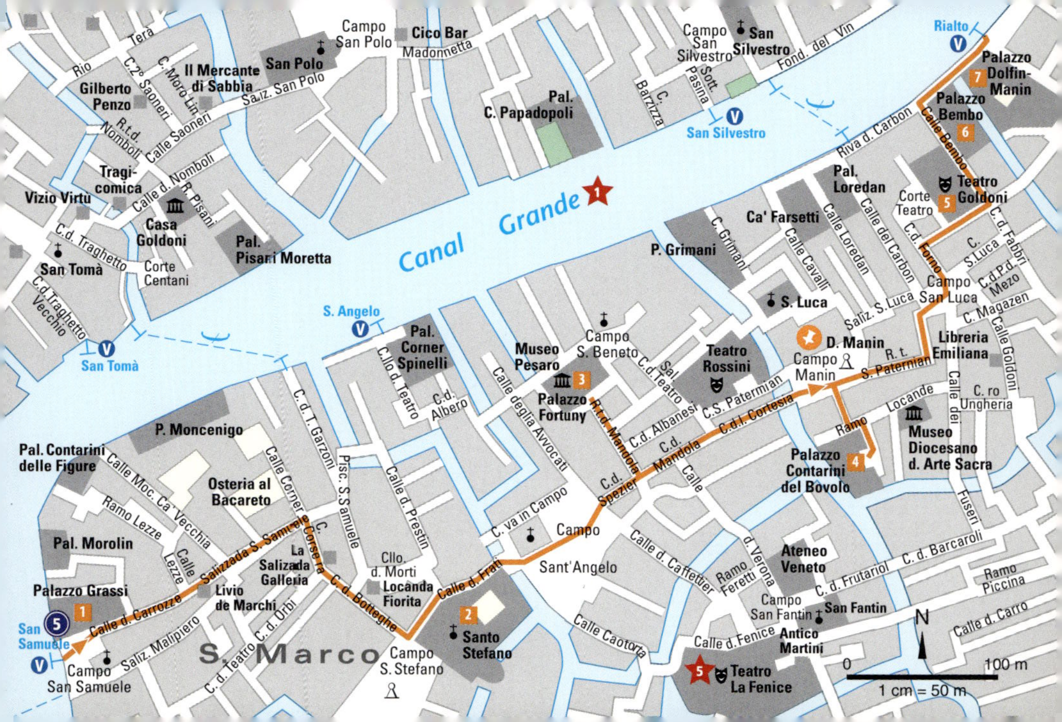
Canal Grande
Rialto
San Silvestro
S. Angelo
San Tomà
San Samuele
S. Marco
Palazzo Dolfin-Manin
Palazzo Bembo
Calle Bembo
Teatro Goldoni
Corte Teatro
Riva d. Carbon
Pal. Loredan
Ca' Farsetti
P. Grimani
C. Grimani
Calle Cavalli
Calle Loredan
Calle del Carbon
C.d. Forno
C. S.Luca
C. d. Fabbri
C.d.P.d. Mezo
Campo San Luca
C. Magazen
Calle Goldoni
Saliz. S. Luca
S. Luca
D. Manin
Campo Manin
R. t. S. Paternian
Libreria Emiliana
Calle dei Fuseri
C. ro Ungheria
Locande
Museo Diocesano d. Arte Sacra
Ramo
Palazzo Contarini del Bovolo
Teatro Rossini
C.S. Paternian
C.d.l. Cortesia
C.d. Albanesi
Sal. C.d.Teatro
Campo S. Beneto
Museo Pesaro
Palazzo Fortuny
R.t.d. Mandola
C.d. Mandola
Calle
C.d. Spezier
Calle degli Avvocati
C. va in Campo
Campo Sant'Angelo
Calle d. Caffettier
d. Verona
Ramo Feretti
Ateneo Veneto
C. d. Frutariol
C. d. Barcaroli
Ramo Piccina
Calle d. Carro
Campo San Fantin
San Fantin
Antico Martini
Calle d. Fenice
Teatro La Fenice
Calle Caotorta
Calle d. Frati
Santo Stefano
Campo S. Stefano
C. d. Botteghe
Cllo. d. Morti
Locanda Fiorita
Calle d. Prestin
Pisc. S.Samuele
C. d. T. Garzoni
Pal. Corner Spinelli
C.llo d. Teatro
C.d. Albero
P. Moncenigo
Pal. Contarini delle Figure
Calle Moc. Ca' Vecchia
Ramo Lezze
Calle Lezze
Osteria al Bacareto
Calle Corner
C. Corsera
La Salizada Galleria
Salizzada S. Samuele
Livio de Marchi
C. d. Orbi
C. d. Teatro
Pal. Morolin
Palazzo Grassi
Calle d. Carrozze
Saliz. Malipiero
Campo San Samuele
Campo San Polo
Cico Bar
Madonnetta
San Polo
Saliz. San Polo
Il Mercante di Sabbia
C. Moro Lin
C.2° Saoneri
Calle Saoneri
Gilberto Penzo
Terà
Rio
R.t.d. Nomboli
Calle d. Nomboli
Tragicomica
Vizio Virtu
R. Pisani
Casa Goldoni
Pal. Pisani Moretta
C.d. Traghetto
Corte Centani
San Tomà
C.d.Traghetto Vecchio
Pal. C. Papadopoli
C. Barzizza
Sott. Pasina
Campo San Silvestro
San Silvestro
Fond. del Vin
N
0
100 m
1 cm = 50 m

Tour 6

Hinein ins lebhafte Marktgeschehen

Ponte di Rialto › Palazzo dei Camerlenghi › San Giacomo di Rialto › Gobbo di Rialto › Erberia › Pescheria › Fondamenta del Vin

Start: Ⓥ Rialto (1, 2, N)
Ziel: Ⓥ Rialto (1, 2, N)
Wann: am besten vormittags, außer Mo, dann bleibt der Markt geschlossen
Distanz: 1 km

Berge von Orangen, Weintrauben, Tomaten, Bohnen, Knoblauch und Artischocken bieten ein farbenprächtiges Bild. Die Erberia und der angrenzende Fischmarkt, die Pescheria, sind die historischen Märkte der Stadt. Wer all die Köstlichkeiten auf typisch venezianische Weise genießen möchte, der sollte in eine der urigen Osterien einkehren.

Erberia

Schon zu Zeiten der Serenissima befand sich rund um Rialto das geschäftige Handelszentrum der Seerepublik. Zahlreiche Schiffe lagen hier vor Anker, Güter wie Kaffee, Tee oder Tabak wurden umgeschlagen, am Ufer stapelten sich die Säcke und Körbe voller »exotischer« Waren. Ufernamen wie Fondamenta del Vin (Wein), del Ferro (Eisen) oder del Carbon (Kohle) erinnern an das internationale Handelszentrum von einst. Handel wird hier auch heute noch betrieben. An den vielen Souvenir- und Verkaufsständen, in den Ladenpassagen sowie auf dem Fisch- und Gemüsemarkt, den man vom **Ponte di Rialto** 1 aus in ein paar Schritten erreicht, herrscht am Tage ein derart dichtes Gedränge, dass es nicht leicht ist, den Überblick zu behalten. Hat man die Rialtobrücke passiert, liegt rechts der **Palazzo dei Camerlenghi** 2, ein Renaissancebau aus dem frühen 16. Jh. Er wurde auf den Fundamenten eines Vorgängerbaus errichtet, der genau wie viele andere Gebäude im Rialto-Viertel 1513 Opfer einer verheerenden Feuersbrunst geworden war. In diesem Palazzo befand sich die gefürchtete Finanzverwaltung der Republik. Wer nicht zahlen wollte, wanderte hinter Gitter – eine Schmach, sorgten vergitterte Zellen im Erdgeschoss doch dafür, dass Vorbeigehende die Steuersünder von außen sehen konnten.

MAL PAUSE MACHEN

Nur an wenigen Stellen gelangt man direkt an den Canal Grande, eine davon liegt am **Rialto-Markt.** Also ans Ufer setzen, Beine baumeln lassen und das Treiben auf Venedigs Prachtwasserstraße beobachten!

Ein kurzes Stück entlang der belebten Ruga degli Orefici, der traditionellen Straße der Goldschmiede, gelangt man zur Kirche **San Giacomo di Rialto** 3, eine der ältesten Kirchen Venedigs, im Volksmund kurz »San Giacometto« genannt. Dass dieses Gotteshaus den Kaufleuten geweiht war, macht eine Inschrift deutlich, die die Händler dazu anhielt, Tugenden wie Ehrlichkeit und Redlichkeit hochzuhalten (tgl. 9.30–17 Uhr). Auf dem **Campo San Giacomo di Rialto,** unter dessen pittoreskem Arkadengang Cafés und Osterie ansässig sind, wurden einst Handelsgesetze und Steuerverordnungen verlesen. Aufmerksamkeit verdient an dieser Stelle der **Gobbo di Rialto** 4, der Bucklige von Rialto, eine Steinstatue aus dem 16. Jh., die nackt und kniend schwere

Gobbo di Rialto

Steinstufen schultert – ein Sinnbild für die Last der Abgaben, von denen viele Venezianer sich erdrückt sahen. Il Gobbo war zugleich der herbeigesehnte Zielpunkt eines erniedrigenden Laufs, bei dem Straftäter splitternackt vom Markusplatz bis Rialto laufen mussten.

Ein Stück weiter auf der Straße der Goldschmiede geht es rechts ab zum Markt. Es ist ein sinnliches Erlebnis, durch die **Erberia** 5, den farbenprächtigen Obst- und Gemüsemarkt, zu schlendern, auf dem je nach Jahreszeit leuchtende Orangen, Berge von Weintrauben, Tomaten, Auberginen oder Artischocken kunstvoll aufgeschichtet sind. Gleich nebenan lockt die **Pescheria** 6 in der Fischmarkthalle aus dem frühen 20. Jh. mit fangfrischem Fisch, auch aus der Lagune. Tierschützer werden die Körbe, in denen es bisweilen kriecht und krabbelt, wohl weniger gut ertragen können.

Pescheria

Wer hier jedoch Appetit bekommen hat, findet im Rialto-Viertel eine riesige Auswahl an guten Lokalen. Empfehlenswert sind u.a. das direkt am Fischmarkt gelegene, über eine unauffällige Holzbrücke zu erreichende **Poste Vecie** (s. Restaurants, S. 138), das angeblich älteste Restaurant der Stadt, oder das **Do Mori** (s. Restaurants, S. 137), eines der urigsten und gemütlichsten Bàcari Venedigs. Von hier aus erreicht man rasch wieder die **Fondamenta del Vin** und genießt einen fantastischen Blick auf die berühmte Rialtobrücke. Wer die Tour abkürzen möchte, wählt die Calle della Madonna, wo die **Trattoria Alla Madonna** (€€) ebenfalls mit frischem Fisch lockt.

Touren im Anschluss: 7, 22

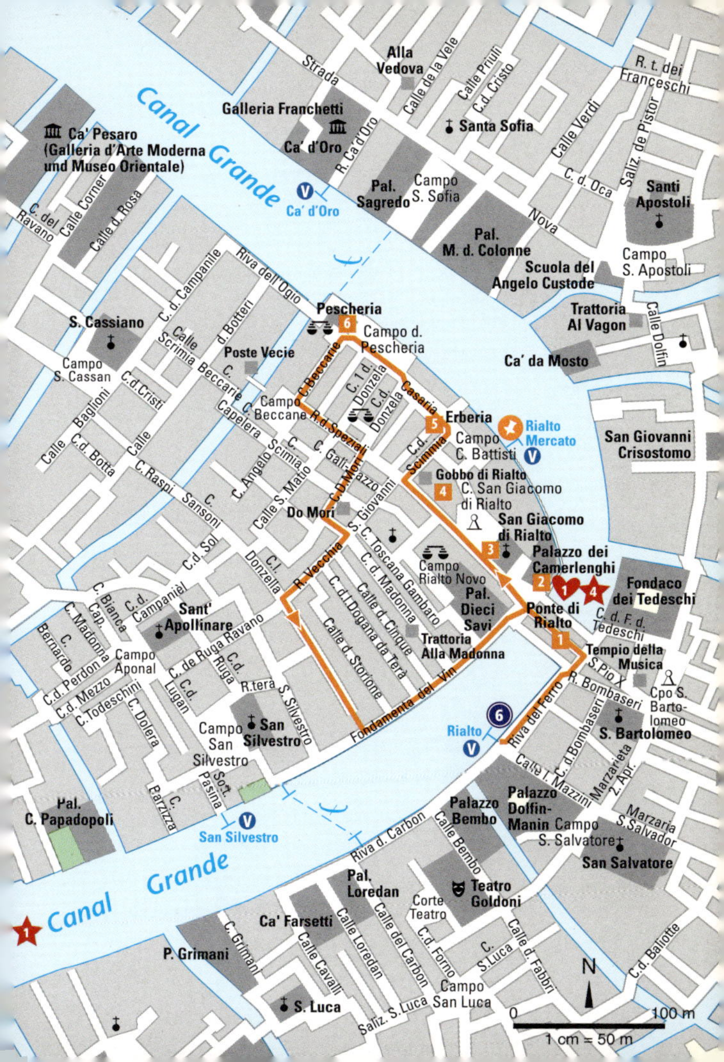

Canal Grande
Ca' Pesaro (Galleria d'Arte Moderna und Museo Orientale)
Galleria Franchetti
Ca' d'Oro
Alla Vedova
Strada
Calle de la Vele
Calle Priuli
C.d. Cristo
Santa Sofia
R. t. dei Franceschi
Calle Verdi
Saliz. de Pistor
R. Ca' d'Oro
Pal. Sagredo
Campo S. Sofia
C. d. Oca
Santi Apostoli
Nova
Pal. M. d. Colonne
Campo S. Apostoli
Scuola del Angelo Custode
Trattoria Al Vagon
Calle Dolfin
Ca' da Mosto
C. del Ravano
Calle Corner
Calle d. Rosa
Riva dell'Ogio
C. d. Campanile
Pescheria
Campo d. Pescheria
S. Cassiano
d. Botteri
Calle Scrimia
Poste Vecie
Campo S. Cassan
C. Beccarie
C.d.Cristi
Campo Beccarie
C. 1 d. Donzela
C.d. Donzela
Casaria
Erberia
Rialto Mercato
Campo C. Battisti
Baglioni
Calle
C.d. Botta
Calle
Capelera
Scimia
R.d. Speziali
C. Galizzazo
C.d. Scimmia
San Giovanni Crisostomo
C. Raspi
Sansoni
C. Angelo
C.D. Mori
Calle S. Matio
Gobbo di Rialto
C. San Giacomo di Rialto
Do Mori
S. Giovanni
San Giacomo di Rialto
C.d. Sol
C.l. Donzella
R. Vecchia
C. Toscana Gambaro
Campo Rialto Novo
Palazzo dei Camerlenghi
Fondaco dei Tedeschi
C. Bianca
Cap.
C. Madonna
C.d. Campaniel
Sant' Apollinare
C.d. Madonna
C. d.l. Dogana da Terà
Calle d. Cinque
Calle d. Storione
Pal. Dieci Savi
Ponte di Rialto
C. d. F. d. Tedeschi
Trattoria Alla Madonna
Tempio della Musica
C. de Ruga Ravano
C.d. Ruga
Campo Aponal
Bernardo
C.d. Perdon
C.d. Mezzo
C. Todeschini
C.d. Lugan
R.tera
S. Silvestro
Fondamenta del Vin
S. Pio X
R. Bombaseri
Riva del Ferro
Cpo S. Bartolomeo
C. Dolera
Campo San Silvestro
San Silvestro
Rialto
C.d. Bombaseri
S. Bartolomeo
Sott. Pasina
C. Parzizza
Calle I. Mazzini
Marzarieta 2. Apr.
Pal. C. Papadopoli
Palazzo Bembo
Palazzo Dolfin-Manin
Campo S. Salvatore
Marzaria S. Salvador
San Salvatore
Riva d. Carbon
Calle Bembo
Pal. Loredan
Teatro Goldoni
Corte Teatro
Ca' Farsetti
Calle Loredan
Calle del Carbon
C.d. Forno
C. S. Luca
Calle d. Fabbri
C.d. Ballotte
P. Grimani
C. Grimani
Calle Cavalli
S. Luca
Saliz. S. Luca
Campo San Luca
N
0
100 m
1 cm = 50 m

Tour 7

Das Manhattan Venedigs

Ponte di Rialto › Fondamenta del Vin › Campo San Silvestro › Campo Aponal › Ponte delle Tette › Palazzo Albrizzi › Campo San Polo

Start: Ⓥ Rialto (1, 2, N)
Ziel: Ⓥ San Tomà (1, 2, N)
Wann: jederzeit; wer im Sommer Lust auf Freilichtkino verspürt, sollte den Weg am frühen Abend gehen und sich auf dem Campo San Polo unter die Cineasten mischen
Distanz: 1,5 km

Vom pulsierenden Leben rund um Rialto ist es nur ein kurzer Weg bis in die engen, verwinkelten Gassen San Polos. Aus Platzgründen baute man die Häuser hier höher als in den anderen Stadtteilen. Herzstück des Sestiere ist der Campo San Polo, einer der stimmungsvollsten und geschichtsträchtigsten Plätze der Stadt.

Rialtobrücke

Es ist ein Bild, von dem man sich kaum trennen mag: der weltberühmte **Ponte di Rialto** 1, vor dem zahlreiche Gondeln kreuzen. Zumal die **Fondamenta del Vin** (Weinufer) eine der wenigen Stellen in Venedig ist, an denen man direkt am Canal Grande entlangspazieren kann. Die hübschen Restaurants haben bereits morgens die Tische liebevoll eingedeckt.

An der fotogenen Gondelstation Riva del Vin geht es hinein in die Gassen zum **Campo San Silvestro** mit der gleichnamigen

Kirche und von dort geradeaus weiter zum **Campo Aponal** mit der ursprünglich aus dem 11. Jh. stammenden Kirche **Sant' Apollinare** 2. Hier bietet sich ein kurzer Abstecher an, der einen in das authentische, untouristische und stille San Polo führt. Durch die schmale Calle del Porto Storto und über den Ponte Storto hinweg gelangt man rasch zum **Ponte delle Tette** 3, der »Brücke der Brüste«. Im 16. Jh. befand sich hier ein berüchtigtes Rotlichtviertel. Die Prostituierten durften nicht nur, sie mussten hier mit nackten Brüsten um Freier werben. Angeblich wollte man auf diese Weise die verbreitete Homosexualität eindämmen, was letztendlich aber nicht gelang. Wer hier pausieren möchte, sollte in die **Trattoria Antiche Carampane** (Rio terà delle Carampane, €€) einkehren – vorausgesetzt man ist gepflegt gekleidet und hat auf etwas anderes Appetit als auf Pizza ... Von der Brücke läuft man zum **Campiello Albrizzi,** an dem der von außen eher unscheinbare **Palazzo Albrizzi** 4 liegt. In seinen prächtigen Innenräumen fand im 18. Jh. ein literarischer Salon statt, an dem auch der Dichter Ugo Foscolo und der Bildhauer Antonio Canova teilnahmen.

Ponte delle Tette

Vom Campiello Albrizzi ist in wenigen Minuten der zweitgrößte Platz Venedigs erreicht: der **Campo San Polo.** Kaum vorstellbar, dass hier im Mittelalter noch Vieh graste. Später wurden auf dem Campo rauschende Bälle gefeiert, Messen abgehalten und blutige Stierjagden veranstaltet. Heute dient der baumbestandene Platz, an dem einige Cafés und Restaurants wie z. B. die **Birraria Corte** (tgl. 10–24 Uhr, €) zur Rast

MAL PAUSE MACHEN

Holen Sie sich eine Ecke Pizza oder ein Eis und setzen Sie sich auf eine der schattigen Bänke auf dem berühmten **Campo San Polo.** Ein herrlicher Platz für eine Rast!

einladen, den Venezianern als beliebter Treffpunkt. Im Winter wird der Campo San Polo zur wunderbaren Kulisse für den farbenfrohen Karneval. Im Sommer hingegen ist eine Tribüne aufgebaut, dann findet hier das beliebte Open-Air-Kino statt, bei dem topaktuelle Filme unter nächtlichem Himmel gezeigt werden. Im nicht zu übersehenden **Palazzo Soranzo** (Nr. 2169–2171) soll Giacomo Casanova, der 1725 in Venedig geborene legendäre Verführer, Abenteurer, Schriftsteller, Priester, Falschspieler und Geiger, verkehrt haben. Am Platz wurde zudem am 26. Februar 1548 Lorenzino de' Medici ermordet, ein Spross des Florentiner Adelsgeschlechts, der sich seinerseits des Mordes an Alessandro de' Medici schuldig gemacht hatte.

Durch das gotische Portal betritt man die sehenswerte Kirche **San Polo** 5 (Choruskirche) mit ihrer eindrucksvollen hölzernen Schiffsdecke – und einem »Abendmahl« von Tintoretto.

Der Weg zur Vaporettostation San Tomà führt durch lebhafte Gassen, die von zahlreichen Geschäften gesäumt sind. Außergewöhnlichen Schmuck, Lampen und Taschen findet man bei **Il Mercante di Sabbia** (Calle dei Saoneri 2724, tgl. 10–19 Uhr), wunderschöne Masken und Kostüme bei **Tragicomica** (Calle dei Nomboli 2800), gegenüber der Casa Goldoni. Wer sich für Gondeln interessiert, der sollte bei **Gilberto Penzo** (s. Shopping, S. 141) vorbeischauen, einem absoluten Experten in Sachen Gondelbau (schöne Modelle). Vom **Campo San Tomà** aus mit der gleichnamigen Kirche ist der Weg zum Vaporettoanleger ausgeschildert.

Tragicomica

Touren im Anschluss: 8, 15

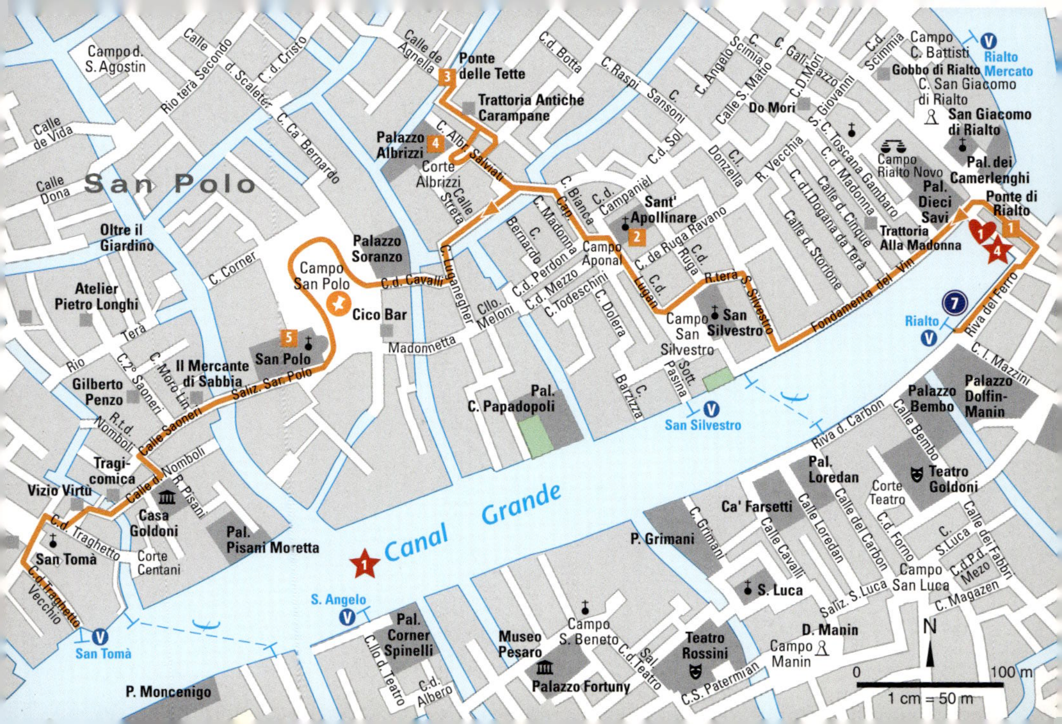
San Polo
Canal Grande
Campo d. S. Agostin
Ponte delle Tette
Trattoria Antiche Carampane
Palazzo Albrizzi
Corte Albrizzi
Calle Streta
Oltre il Giardino
Atelier Pietro Longhi
Palazzo Soranzo
Campo San Polo
Cico Bar
San Polo
Il Mercante di Sabbia
Gilberto Penzo
Tragicomica
Vizio Virtù
Casa Goldoni
San Tomà
Corte Centani
Pal. Pisani Moretta
Sant' Apollinare
Campo Aponal
Campo San Silvestro
San Silvestro
Pal. C. Papadopoli
Do Mori
Gobbo di Rialto
Campo C. Battisti
C. San Giacomo di Rialto
San Giacomo di Rialto
Campo Rialto Novo
Pal. dei Camerlenghi
Pal. Dieci Savi
Ponte di Rialto
Trattoria Alla Madonna
Fondamenta del Vin
Riva del Ferro
Rialto Mercato
Rialto
San Silvestro
S. Angelo
San Tomà
Palazzo Bembo
Palazzo Dolfin-Manin
Teatro Goldoni
Corte Teatro
Pal. Loredan
Ca' Farsetti
P. Grimani
S. Luca
Campo San Luca
D. Manin
Campo Manin
Teatro Rossini
Campo S. Beneto
Museo Pesaro
Palazzo Fortuny
Pal. Corner Spinelli
P. Moncenigo
Calle Secondo
Rio terà Secondo
C. d. Cristo
d. Scaleter
C. Ca' Bernardo
Calle de Agnella
C. d. Botta
C. Raspi
Sansoni
C. Angelo
Scimia
C. Gallazzo
C. D. Mori
S. Giovanni
C. d. Scimmia
Calle S. Matio
C. d. Sol
C. I. Donzella
R. Vecchia
C. d. Toscana Gambaro
C. d. Madonna
Calle d. Cinque
C. d. I. Dogana da Terà
Calle d. Storione
C. Albr. Salviati
C. Bianca
C. d. Campaniel
Cap.
C. Madonna
C. Bernardo
C. d. Perdon
C. d. Mezzo
C. Todeschini
C. Dolera
C. de Ruga Ravano
C. d. Ruga
C. d. Lugan
R. tera S. Silvestro
Sott. Pasina
C. Barzizza
C. Luganegher
Cllo. Meloni
Madonnetta
C. d. Cavalli
C. Corner
Calle de Vida
Calle Dona
Tera
Rio
C. 2° Saoneri
C. Moro Lin
Saliz. San Polo
Calle Saoneri
R. t. d. Nomboli
Calle d. Nomboli
R. Pisani
C. d. Traghetto
C. d. Traghetto Vecchio
C. I. Mazzini
Riva d. Carbon
Calle Bembo
C. d. Forno
Calle del Carbon
Calle Loredan
Calle Cavalli
C. Grimani
C. S. Luca
Calle dei Fabbri
C. d. P. d. Mezo
C. Magazen
Saliz. S. Luca
C. S. Patermian
Sal. C. d. Teatro
Cllo. d. Teatro
C. d. Albero
N
0
100 m
1 cm = 50 m

Tour 8

Glanzlichter venezianischer Malerei

Campo San Polo › San Polo › Casa Goldoni › Campo San Tomà › Scuola dei Calegheri › Santa Maria Gloriosa dei Frari › Scuola Grande di San Rocco

Start: Ⓥ San Tomà (1, 2, N)
Ziel: Ⓥ San Tomà (1, 2, N)
Wann: jederzeit möglich; sonntags öffnet die Frari-Kirche jedoch erst am Mittag
Distanz: 1,5 km

Durch enge Gässchen geht es, vorbei am Geburtshaus des Komödiendichters Carlo Goldoni, zu einer der beeindruckendsten Kirchen Venedigs: der Frari-Kirche, Grabstätte Tizians. Nicht weniger spektakulär: die vis-à-vis gelegene Scuola Grande di San Rocco, die auf ewig mit dem Namen Tintoretto verbunden ist.

Er ist das Herzstück des gleichnamigen Sestiere (des Stadtsechstels): der **Campo San Polo**. Cafés und Restaurants laden nach der Besichtigung der Kirche **San Polo** 1 zu einer Pause ein. Anschließend führt der Weg vorbei an der **Casa Goldoni** 2, dem Geburtshaus des noch heute populären venezianischen Komödiendichters Carlo Goldoni (1707–1793). Ein kleines Museum informiert über sein Leben und Werk, angeschlossen ist eine theaterwissenschaftliche Bibliothek (tgl. 10–17, im Winter bis 16 Uhr). Schleckermäuler sollten am Campiello San Tomà bei **Vizio Virtù** (s. Shopping, S. 145) einen Stopp einlegen.

Von hier sind es nur ein paar Schritte zum kleinen **Campo San Tomà** mit der Kirche **San Tomà** 3 aus dem Jahr 1742. Unmittelbar vor der Bibliothek der ehemaligen **Scuola dei Calegheri** 4, der Laienbruderschaft der Schuster, kann man in die **Trattoria San Tomà** (bisweilen Di geschl., €€) einkehren und mit Blick auf die schöne Fassade der Kirche gut venezianisch essen.

Santa Maria Gloriosa dei Frari

Von hier ist es nur ein Katzensprung zu einer der bedeutendsten Kirchen Venedigs: der **Santa Maria Gloriosa dei Frari** 5 6. Der monumentale Backsteinbau samt seinem auffälligen Glockenturm, zweithöchster der Stadt, wurde im 14./15. Jh. vom Bettelorden der Franziskaner erbaut, was seine Schlichtheit erklärt. Im Inneren der Kirche sind viele Honoratioren der Stadt beigesetzt, darunter der Doge Giovanni Pesaro (1589–1659). Hier kann von Schlichtheit allerdings keine Rede mehr sein: Pesaros Grabmal, erkennbar an den vier überlebensgroßen Sklavenfiguren, zählt vielmehr zu den monumentalsten und prachtvollsten seiner Art. Links daneben befinden sich das pyramidenförmige Grabmal des klassizistischen Bildhauers Antonio Canova (1757–1822) und – gegenüber – das des Malergenies Tizian (1488 bis 1576), zu erkennen am antiken Tempel samt Markuslöwen. Eines von Tizians frühen Werken, die »Assunta« (Mariä Himmelfahrt), ein Meilenstein der Kunstgeschichte, schmückt unübersehbar den Altarraum. Tizian war etwa 30 Jahre alt, als er dieses Meisterwerk schuf. Ebenfalls sehenswert: das reich geschnitzte gotische Chorgestühl mit den Marmorchorschranken aus dem 15. Jh., begonnen von Bartolomeo Bon, vollendet von Pietro Lombardo im Stil der Frührenaissance (Choruskirche, Mo–Sa 9–18, So 13–18 Uhr).

Scuola Grande di San Rocco

Verlässt man die Frari-Kirche wieder, hat man die Wahl: Den Rio dei Frari überquerend, dann läuft man direkt auf das winzige **Caffè dei Frari** zu. Wer sich für historische Kostüme interessiert, zweigt hier nach rechts ab und kann das etwas versteckt gelegene, in Venedig legendäre **Atelier Pietro Longhi** besuchen (s. Shopping, S. 144).

Auf der anderen Seite der Frari-Kirche gelangt man zu einem weiteren Pilgerziel für Kunstfreunde: der **Scuola Grande di San Rocco** 6 7. In den sogenannten *scuole,* von denen es allein in Venedig 60 gegeben hat, waren Gewerbetreibende organisiert, die sich auch wohltätigen Zwecken widmeten. Und da die Geschäfte florierten, errichtete man nicht nur große Versammlungshäuser, gegliedert in einen Empfangsraum im unteren Stockwerk und einen Saal samt Nebenräumen im oberen Geschoss, sondern ließ diese auch von den besten Malern der Stadt ausschmücken. Die Laienbruderschaft des Hl. Rochus engagierte nach Ausschreibung eines Wettbewerbs Tintoretto (1518–1594), der mehr als 20 Jahre an dem Bilderzyklus arbeitete, der seither den prunkvollen Renaissancepalast schmückt. Insgesamt 56 Gemälde schuf der Meister hier – vom Erdgeschoss bis in die Sala dell' Albergo. Düster in den Farben, dramatisch in der Bewegung, überwältigend in der Gesamtschau (tgl. 9.30–17.30 Uhr).

MAL PAUSE MACHEN

Das Eis in der **Gelateria Millevoglie di Carolo Tarcisio** unweit der Scuola Grande di San Rocco schmeckt köstlich, genießen Sie es auf der Rückseite der Scuola auf den Treppenstufen am Wasser.

Tour im Anschluss: 15

San Polo
Canal Grande
Calle Contarina
Fond. Rio Marin
Cllo. del Cristo
C. S. Zuane
C. Caldarer
Calle de l'Olio
Scuola Grande San Giovanni Evangelista
Sott. Laca
San Giovanni Evangelista
Calle Zane
Calle de Vida
Campo d. S. Agostin
T. terà d. Paruchetа
Calle Secondo
Rio terà Secondo
C. d. Scaleter
C. d. Cristo
C. Ca' Bernardo
Campo San Stin
Calle Dona
Rio terà San Tomà
F. Contarini
Oltre il Giardino
Palazzo Soranzo
Campo San Polo
8
Cico Bar
C. Corner
Caffè dei Frari
Atelier Pietro Longhi
Fond. dei Frari
Rio Terà
1
San Polo
Chiesa di San Rocco
Santa Maria Gloriosa dei Frari
6
5
Campo dei Frari
Gilberto Penzo
C.2° Saoneri
C. Moro Lin
Il Mercante di Sabbia
Saliz. San Polo
C. Trintoretto
Saliz. S. Rocco
Cllo. d. Castelforte
7
6
Scuola Grande di San Rocco
R.t.d. Nomboli
Calle Saoneri
Gelateria Millevoglie di Carolo Tarcisio
4
Vizio Virtù
Tragicomica
Calle d. Nomboli
R. Pisani
C. d. Albanesi
Scuola dei Calegheri
Campo San Tomà
C.d. Traghetto
Casa Goldoni
2
C. G. Gozzi
C. d. Cristo
Fond. del Forner
Trattoria San Tomà
3
San Tomà
Corte Centani
Pal. Pisani Moretta
Calle dei Preti
S. Pantalon
Calle d. Pantalon
C.D. Onesta
Crosera
Calle Campanie
Vecchio
C.d. Traghetto
Calle della Saoneria
Calle Largo Foscari
C. Balbi
San Tomà
S. Angelo
Pal. Corner Spinelli
1
Pal. Balbi
P. Moncenigo
C. d. T. Garzoni
Pal. Contarini delle Figure
Calle Moc. Ca' Vecchia
Calle Corner
Calle de Saoneri
C. Foscari
Ca' Foscari
Osteria al Bacareto
Ramo Lezze
Calle Lezze
Pisc. S. Samuele
C. Corsera
Salizzada S. Samuele
Pal. Morolin
Campiello d. Squellini
Pal. Giustinian
C.d. Capeler
La Salizada Galleria
Locanda Fiorita
Livio de Marchi
Palazzo Grassi
Calle Bernardo
Ca' Rezzonico
Calle d. Carrozze
San Samuele
Saliz. Malipiero
N
Fond. Rezzonico
Ca' Rezzonico
Campo San Samuele
0
100 m
1 cm = 50 m

Tour 9

Ehemalige Garteninsel Giudecca

Il Redentore › Chiesa della Croce › Università Internazionale dell'Arte › Casa dei Tre Ochi › Chiesa delle Zitelle

Start: Ⓥ Redentore (2, 4.1, 4.2, N)
Ziel: Ⓥ Zitelle (2, 4.1, 4.2, N)
Wann: jederzeit, besonders reizvoll am Abend, wenn die Kirchen vis-à-vis in blassem Grün erstrahlen
Distanz: 2 km

Die Uferpromenade der Giudecca gilt zu Recht als eine der schönsten Flaniermeilen Venedigs, hat man von hier aus doch das ganze Stadtensemble samt Markusplatz im Blick. Doch auch auf der von Gärten durchzogenen Insel selbst gibt es großartige Bauwerke, wie die Redentore-Kirche.

Hinterhofidyll

Als ruhiger Wohnort gewinnt die lang gestreckte Insel Giudecca, an deren Westseite sich unübersehbar der Backsteinkomplex des Molino Stucky erhebt (einst Getreidemühle einer Nudelfabrik, nun Hilton), zunehmend an Bedeutung. Bezahlbarer Wohnraum, weniger Rummel, dazu das Grün zahlreicher Gärten – die Vorzüge dieser etwas abseitigen Wohnlage liegen auf der Hand. Das mögen die Insassen des Gefängnisses, das sich hier ebenfalls befindet, allerdings etwas anders sehen. Ob der Name »Giudecca« sich von *giudicati* (Verurteilte) oder von *giudei* (Juden), die hier vor ihrer Umsiedlung ins Getto von Cannaregio ansässig waren, ableitet, ist bis heute umstritten. Nicht aber, dass sich Venedigs High Society hier einst Sommerhäuser bauen ließ, die von herrlich grünen Gärten umgeben, eine wohltuende Abwechslung zu den von schwüler Hitze erfüllten Palazzi im Zentrum Venedigs waren. Heute prägen neben den fantastischen Palladiobauten v.a. kleine Industriebetriebe und Werften, die überwiegend am südlichen Ufer der Insel angesiedelt sind, den Charakter der Giudecca.

Wer den Uferkai nicht auf seiner gesamten Länge ablaufen möchte, der kann z.B. bis Redentore übersetzen. Unmittelbar hinter der Vaporettostation erhebt sich die Tempelfront von **Il Redentore** **1** (Choruskirche), Venedigs zweiter Pestkirche neben Santa Maria della Salute. Der Senat hatte im Jahr 1576 gelobt, zu Ehren des Erlösers *(il redentore)* eine Kirche zu errichten, sollte die Stadt alsbald von der verheerenden Pest befreit werden, an der insgesamt rund 50000 Menschen starben. Andrea Palladio wurde mit dem Entwurf beauftragt. Und tatsächlich: Im Jahr der Grundsteinlegung, 1577, wurde das letzte Pestopfer zu Grabe getragen. Jedes Jahr am 3. Sonntag im Juli wird im Rahmen des Redentore-Festes, bei dem eine Pontonbrücke die Giudecca mit den Zattere verbindet, an das Ende der Epidemie erinnert. Geht man weiter den Kai entlang, an dem sich einige wenige Lokale, Geschäfte und Cafés befinden, kann man an der nächsten Brücke einen Schlenker zur 1806 aufgegebenen **Chiesa della Croce** **2** einlegen. Die einstige Klosterkirche liegt verlassen inmitten eines verwilderten Areals. Der Klosterkomplex diente im Lauf der Zeit als Gefängnis, Lagerhaus und Staatsarchiv. Ins Innere gelangt man allerdings nicht mehr. Wieder zurück am Ufer, biegt man

Il Redentore

direkt hinter dem Ostello di Venezia in die schmale, dunkle Gasse ein, die einen, vorbei an modernen Wohnbauten mit kleinen Gemüsegärtchen, zur **Università Internazionale dell'Arte** 3 bringt. Einer jener verwunschenen Gärten, die einst für die Giudecca typisch waren, umgibt die Villa Herriott, in der dieser Universitätszweig untergebracht ist.

MAL PAUSE MACHEN

Holzbänke an den **Fondamente** laden zum Ausruhen ein. Von dort hat man einen fantastischen Blick auf den Giudecca-Kanal – besonders stimmungsvoll übrigens am Abend.

Wieder zurück auf den Fondamente, bummelt man mit Blick über den Giudecca-Kanal, durch den bis vor Kurzem gigantische Kreuzfahrtschiffe gezogen wurden (die schwimmenden Hochhäuser sind nun aus der Lagune verbannt worden), Richtung Zitelle. Hinter der Vaporettostation Zitelle befindet sich mit dem »Haus der drei Augen«, die **Casa dei Tre Ochi** 4, eine 1913 erbaute Villa, in der nun ein Kulturzentrum untergebracht ist, das interessante Ausstellungen zeigt (Mo–Fr 10–19, Sa 10–22 Uhr).

Ein weiterer Palladiobau ist die **Chiesa delle Zitelle** 5 mit ihrer eindrucksvollen Fassade. Früher befand sich hier eine Art Pensionat für unverheiratete Mädchen aus armen Verhältnissen *(zitelle)*. Sie fertigten zum Broterwerb Klöppelspitzen an, die als besonders qualitätvoll galten. Heute finden in dem ehemaligen Gotteshaus Wechselausstellungen statt.

Am Giudecca-Kanal

Fast am Ende des Fondamente trifft man – jedoch uneinsehbar – auf die Rückseite des Restaurants des berühmten Luxushotels **Cipriani**. Für kleinere Reisebudgets ist das einfache **Al Storico da Crea** nahe der Redentore-Kirche die bessere Wahl.

Touren im Anschluss: 2, 4, 10, 13, 23, 24

Canale della Giudecca
Isola della Giudecca
Cpo Nani e Barbaro
Restaurant Cipriani
Hotel Cipriani
Fond. S. Giovanni
Zitelle
Fond. d. Zitelle
Chiesa delle Zitelle
5
4
Casa dei Tre Ochi
Croce
della
Fond.
Ostello di Venezia
9
Redentore
Fond. San Giacomo
Cpo del SS. Redentore
San Giacomo
Al Storico da Crea
1
Il Redentore
C. della
Croce
2
Chiesa della Croce
C. drio la Croce
Calle
C. del Gran
R. d. Squero
del
C. Larga d. Cooperativa
C. d. Fonderia
Squero
Calle
Michelangelo
C. dell'Asilo Mason
C. 2° Esterna
Cllo Ospizio
C. Ospizio
3
Università Internazionale dell'Arte
C. d. Pesce
C. dell'Albero
Calle San Giacomo
C. dei Frati
Fond. al Rio della Croce
N
0
100 m
1cm = 70 m

Tour 10

Klosterinsel San Giorgio Maggiore

San Giorgio Maggiore › Campanile › Teatro Verde › Benediktinerkloster › Jachthafen

Start: Ⓥ San Giorgio (2, N)
Ziel: Ⓥ San Giorgio (2, N)
Wann: Klosterbesichtigung nur am Wochenende möglich; zwischen 12.30 und 14.30 Uhr bleibt der Campanile manchmal geschlossen
Distanz: 0,5 km

Im gleißenden Sonnenlicht wirkt die Silhouette der vorgelagerten Klosterinsel San Giorgio Maggiore geradezu magisch schön. Dabei bezaubert der von Palladio gestaltete Kirchenbau nicht nur von außen – das Innere birgt mit dem »Abendmahl« eines der berühmtesten Tintoretto-Gemälde. Und vom Campanile aus genießt man einen atemberaubenden Blick auf Venedig und die Lagune.

Im Jahr 982 stiftete der damals amtierende Doge Memmo den Benediktinern ein Kloster auf der Insel San Giorgio Maggiore, das sich zu einer der bedeutendsten Niederlassungen des Ordens in Italien entwickelte. 1109 gelangte es in den Besitz der Reliquien des Heiligen Stephanus und zog damit Pilgerströme an. Eine Zeit der Prosperität setzte ein, die Ordensleute erwarben Besitztümer und trugen eine beachtliche Bibliothek zusammen. Doch Ende des 18. Jhs. bemächtigte sich Napoleon des klösterlichen Besitzes, 1806 wurde der Orden schließlich aufgelöst, im 19. Jh. die Klosteranlagen durch die österreichischen Besatzer zweckentfremdet.

1951 erwarb dann Vittorio Cini, Großunternehmer, Senator und unter Mussolini zeitweilig Verkehrsminister, die Insel, um sich dort nach dem tragischen Flugzeugabsturz seines Sohnes 1949 ganz dem Mäzenatentum zu widmen. Er rief die Fondazione Cini ins Leben, die auf San Giorgio Maggiore ein Studienzentrum unterhält. Gegenwärtig leben noch elf Menschen ständig auf der Insel, die im Rahmen eines Ausflugs besucht werden kann. Sie wurde auch wiederholt für große Kongresse genutzt, z.B. 1981, als hier der Weltwirtschaftsgipfel stattfand.

Klosterinsel

Die Kirche **San Giorgio Maggiore** 1 samt dem dahinter aufragenden schlanken Glockenturm, quasi das Pendant zum Campanile auf dem Markusplatz, zählt dank der eindrucksvollen Silhouette zu den beliebtesten Fotomotiven Venedigs. 1565 erhielt Andrea Palladio den Auftrag, an der Stelle des baufällig gewordenen Vorgängers einen Neubau zu errichten. Doch erst 1610, 30 Jahre nach seinem Tod, wurde die Kirche vollendet – exakt nach seinen Plänen. Diese sahen eine Tempelfassade mit Säulen und Dreiecksgiebel vor, ein atemberaubendes Entree, das auch die Grabmäler der Dogen Memmo und Ziani beinhaltet. Im hellen, dreischiffigen Innenraum verdienen zwei Werke besondere Beachtung: Tintorettos »Abendmahl«, eines seiner ganz späten Werke, das an der rechten Seite des Presbyteriums hängt und das bei näherer Betrachtung in Bewegung zu sein scheint: Je nach Standpunkt des Betrachters nimmt der Abendmahlstisch eine andere Position ein.

Kirche San Giorgio Maggiore

Auf der linken Seite hängt mit »Mannaregen« ein weiteres Spätwerk Tintorettos, des »kleinen Färbers« aus Cannaregio. Am Hochaltar befindet sich eine Bronzegruppe von Girolamo Campagna (1591–1593): Vier Evangelisten tragen die goldene Weltkugel, auf der Gottvater in segnender Haltung dargestellt ist.

Wendet man sich nach links, so kommt man am kleinen Kassenhäuschen vorbei zum Aufzug, der einen auf den 1791 erbauten **Campanile** 2 8 befördert (im Sommer tgl. 9–18, im Winter 9–17 Uhr). Vom 70 m hohen Aussichtsbalkon auf dem Kirchturm genießt man eine wunderbare Sicht über die Insel, auf die Klosteranlagen und das kleine **Teatro Verde** 3 (Amphitheater), das immer wieder für Kulturveranstaltungen genutzt wird. Ungehindert schweift der Blick über die Lagune, das San Marco-Becken, die Stadt Venedig und an klaren Tagen sogar bis zu den schneebedeckten Alpen.

Blick vom Campanile

Das angrenzende **Benediktinerkloster** 4 mit seinen idyllischen Kreuzgängen, den Gärten, dem Refektorium, Dormitorium und der Bibliothek ist nur im Rahmen einer Führung zu besichtigen (Sa, So 10–17 Uhr, www.cini.it, Tel. 04 12 20 12 15,). Wer noch Lust und Zeit hat, schlendert zum seitlich gelegenen kleinen **Jachthafen** 5, in dem in den Sommermonaten Dutzende von Segelbooten vor Anker liegen. Die Besichtigung endet hier, weitere Teile der Klosterinsel sind für Besucher nicht zugänglich.

MAL PAUSE MACHEN

In der **Bar San Giorgio** kann man mit Blick auf San Marco und die Kirche Santa Maria della Pietà einen Kaffee trinken, ansonsten gibt es keine Gastronomie auf der Klosterinsel.
• tgl. bis 18 Uhr

Touren im Anschluss: 2, 4, 9, 23, 24

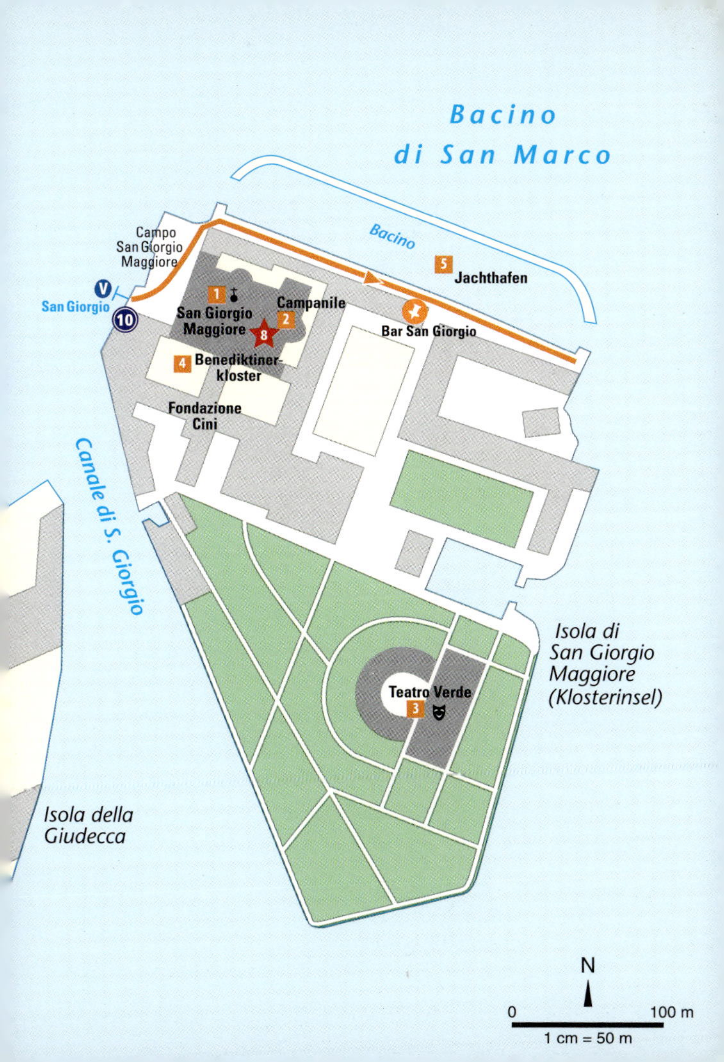

Bacino
di San Marco
Bacino
Campo
San Giorgio
Maggiore
V
San Giorgio
10
1
San Giorgio
Maggiore
8
Campanile
2
5
Jachthafen
Bar San Giorgio
4
Benediktiner-
kloster
Fondazione
Cini
Canale di S. Giorgio
Teatro Verde
3
Isola di
San Giorgio
Maggiore
(Klosterinsel)
Isola della
Giudecca
N
0
100 m
1 cm = 50 m

Tour 11

Belle Époque und Filmstars: auf dem Lido

Jüdischer Friedhof › Planetarium › Grand Hotel Des Bains › Palazzo del Cinema › Palazzo del Casinò › Grand Hotel Excelsior

Start: Ⓥ Lido S. M. Elisabetta (1, 2, 5.1, 5.2, 6, 8, 10, 14, N)
Ziel: Ⓥ Lido S. M. Elisabetta (1, 2, 5.1, 5.2, 6, 8, 10, 14, N)
Wann: am besten tagsüber, dann kann man im schwülheißen Sommer ein Bad im Meer nehmen
Distanz: 8 km

Hier logierte schon zu Beginn des 19. Jhs. die Hautevolee: auf dem 12 km langen Sandstreifen, der die Lagune vom Meer trennt. Prachtvolle Villen erinnern an die glanzvollen Zeiten von einst. Jahr für Jahr kehrt ein wenig vom einstigen Glamour zurück, wenn die Prominenz zu den Filmfestspielen auf den Lido reist.

Wie ein Riegel schiebt sich der Lido in die Lagune und schützt Venedig wirkungsvoll vor Stürmen und Flutwellen. Schon Mitte des 19. Jhs. fanden sich die ersten Gäste ein, um an dem langen flachen Sandstrand den Sommer zu verbringen – meist wohlhabende Nordeuropäer. Um die Jahrhundertwende avancierte der Lido zum Nobelseebad – luxuriöse Hotels, Prachtvillen aus der Belle Époque und herrliche grüne Parkanlagen erinnern an diese glanzvolle Zeit. Hotels wie das Excelsior und Des Bains, dem Viscontis Verfilmung der Thomas-Mann-Novelle »Tod in Venedig« Unsterblichkeit verliehen hat, verströmen noch immer einen Hauch der einstigen Grandezza. Bis heute ist der Lido ein beliebtes Naherholungsziel geblieben, wenngleich es in erster

Linie Familien mit Kindern sind, die sich am Strand aalen und die Pizzerien und Fast-Food-Läden stürmen.

Die folgende Tour sollte man wegen der relativ weiten Wege besser mit dem **Fahrrad** unternehmen, in der Nähe des Vaporettoanlegers gibt es einen Verleih. Wer zu Fuß unterwegs ist, sollte während der heißen Sommermonate auf den Schlenker zum Jüdischen Friedhof verzichten.

Mit dem Rad unterwegs

Einen Eindruck vom quirligen hochsommerlichen Geschehen bekommt, wer vom Vaporettoanleger den breiten **Gran Viale Santa Maria Elisabetta** hinunterläuft, einst der Prachtboulevard des Lido. Heute befinden sich hier neben herrschaftlichen Villen und Hotelpalästen wie dem Grande Albergo Ausonia & Hungaria zahlreiche Restaurants und Cafés.

Über die Via Cipro gelangt man zum **Jüdischen Friedhof** 1, der bereits im 14. Jh. eingerichtet wurde. Das älteste erhaltene Grabdenkmal stammt aus dem Jahr 1389 (April–Sept. So–Fr 9.30–12.30, 15–18.30, sonst 9.30–14.30 Uhr; Infos zu Führungen im Jüdischen Museum, s. S. 80). Wendet man sich nun nach Süden, erreicht man nach Kurzem den legendären Strandbereich. Der **Lungomare D'Annunzio** führt, vorbei am großen **Planetarium** 2 (Okt.–Mai So 16 Uhr, Eintritt frei), zur riesigen Strandterrasse samt Seebrücke (Restaurant, Dusche). Von hier aus kann man den weitläufigen Strand mit seinen *stabilimenti*, den typischen Badehäusern, bestens überblicken.

Ein Stück weiter liegt das berühmte **Grand Hôtel Des Bains** 3, Schauplatz von

MAL PAUSE MACHEN

Packen Sie im Sommer Badesachen und legen Sie hier einen Badestopp ein. Der **Strandabschnitt an der Seebrücke** ist für die Öffentlichkeit zugänglich, was nicht überall am Lido der Fall ist.

Viscontis Filmklassiker »Tod in Venedig«. Nach einem Brand vor einigen Jahren ist die Luxusherberge in eine Apartmentanlage verwandelt worden.

Läuft man nun weiter den Strand entlang (oder radelt entlang der Straße), erreicht man den **Palazzo del Cinema** 4, wo sich Jahr für Jahr Ende August/Anfang September die Stars und Sternchen aus dem Filmgeschäft ein Stelldichein geben. Zwölf Tage lang halten die Internationalen Filmfestspiele von Venedig Cineasten in Atem, bevor wieder Ruhe einkehrt. Ebenfalls am Platz befindet sich der **Palazzo del Casinò** 5, früher die Sommerresidenz des Spielcasinos von Venedig. Mittlerweile finden in dem Komplex Tagungen und andere Veranstaltungen statt. Von hier ist es nur ein Katzensprung zum stilvollen **Hotel Excelsior** 6, in dem während der Filmfestspiele zahlreiche Stars logier(t)en, darunter Greta Garbo, Marlene Dietrich, Paul Newman und Kirk Douglas.

Palazzo del Cinema

Statt am Strand zurückzulaufen, kann man auch dem Weg im Inselinneren folgen, der an wunderschönen Villen, herrlichen Gartenanlagen und stillen Kanälen entlangführt. Im Sommer, wenn der Oleander in voller Blüte steht, ein Genuss! Wer mit dem Rad unterwegs ist, sollte darauf achten, dass am Ende ein Teil der Strecke Einbahnstraße ist, bevor man über eine Fußgängerzone wieder auf den **Gran Viale Santa Maria Elisabetta** stößt. Gemütlich und gut essen kann man im **Al Mercà** (Via Enrico Dandolo 17a, Mo geschl., €€), das für seine hervorragenden Fischgerichte bekannt ist.

Touren im Anschluss: 2, 3, 4, 23, 24, 25, 26

Lagune
San Lazzaro
degli Armeni
Lido Santa
Maria Elisabetta
11
Piazzale
Santa Maria Elisabetta
Lazzaretto
Vecchio
Riva die Corinto
Via Sandro Gallo
Riviera Santa Maria Elisabetta
Riv. San Nicolò
Chiesa
San Nicolò
Via R. Morandi
Via G. Selva
Jüdischer
Friedhof
1
Jüdischer
Friedhof
1
Via Cipro
Al Mercà
Via Enrico Dandolo
Via doge Domenico Michiel
Gran Viale Santa Maria Elisabetta
Via Smime
Aquileia
Via Tiro
Via Francesco Duodo
Via Cipro
Planetarium
2
Via dell'Ospizio Marino
Via Lapanto
Via L. Marcello
Via d. Q. Fontane
Via Candia
Via Dardanelli
Grand Hôtel
Des Bains
3
Piazzale
Bucintore
Lungomare Gabriele D'Annunzio
Lungomare Guglielmo Marconi
Palazzo del
Cinema
4
5
Palazzo
del Casinò
6
Grand Hotel
Excelsior
Lido
Adria
N
0
400 m
1 cm = 200 m

Tour 12

Die Kunstmeile

Gallerie dell'Accademia › Collezione Peggy Guggenheim › Santa Maria della Salute › Punta della Dogana › Magazzini del Sale › Santa Maria dei Gesuati

Start: Ⓥ Accademia (1, 2, N)
Ziel: Ⓥ Accademia (1, 2, N)
Wann: Collezione Peggy Guggenheim und Punta della Dogana bleiben dienstags geschlossen
Distanz: 2,5 km

Kunstfreunde werden diesen Spaziergang mehrmals unternehmen. Denn dicht gedrängt liegen hier Kunsttempel von Weltrang, die neben venezianischer Malerei auch Meisterwerke der klassischen Moderne und zeitgenössische Kunst präsentieren.

G. dell'Accademia

Dorsoduro zählt zu den schönsten Sestiere Venedigs. Längst nicht so überlaufen wie San Marco, bieten sich dem kunstsinnigen Publikum hier ebenfalls fantastische Museen und Sammlungen, zugleich beste Shoppingmöglichkeiten und am Abend lauschige Restaurants und Enotheken. Studenten und Venezianer prägen nach wie vor die Atmosphäre dieses Stadtteils, der mit seinen Zattere der Riva degli Schiavoni Konkurrenz macht. Die aus einer Kunstakademie hervorgegangene **Gallerie dell'Accademia** 1 zählt zu den wichtigsten Museen Venedigs. Sie präsentiert in 24 Sälen Meisterwerke der venezianischen Malerei von der Gotik bis zum Rokoko (Mo 8.15–14, Di–So bis 19.15 Uhr).

Der Gasse parallel zum Canal Grande folgend, gelangt man in wenigen Minuten zu einem weiteren spektakulären Kunsttempel: der **Collezione Peggy Guggenheim** 2 ★9. Die Sammlung moderner Kunst, darunter Werke von Chagall, Klee, Mondrian und Picasso, ist im Wohnhaus der amerikanischen Kunstsammlerin und -mäzenin Peggy Guggenheim (1898 bis 1979) untergebracht, dem unvollendet gebliebenen Palazzo Venier dei Leoni. Die Millionenerbin hatte während der Nazi-Diktatur zahlreichen Juden durch den Kauf ihrer Bilder die Flucht ermöglicht (tgl. außer Di 10–18 Uhr). Auf dem Weg dorthin passiert man eine Reihe hervorragender Kunstgalerien, besondere Aufmerksamkeit verdient **Loris Marazzi** (s. Shopping, S. 143), der ungewöhnliche Holzobjekte anbietet.

MAL PAUSE MACHEN

Nach dem Besuch der Gallerie dell' Accademia kann man sich anschließend in der Bar **Accademia Foscarini** direkt an der Brücke mit köstlichen *tramezzini* stärken.

Folgt man der schmalen Gasse weiter, öffnet sich hinter der Brücke über den Rio della Salute plötzlich ein wunderbarer Kirchplatz. Hier erhebt sich die Barockkirche **Santa Maria della Salute** 3, erbaut in Erfüllung eines Gelöbnisses, das im Jahre 1630 der amtierende Doge an die Madonna gerichtet hatte mit der Bitte, der schon lange wütenden Pestepidemie endlich ein Ende zu setzen. Santa Maria della Salute, die an der Stelle älterer Wohnhäuser, eines Klosters und der Kirche San Trinità erbaut wurde, ist ein Meisterwerk Baldassare Longhenas und ein imposanter Blickfang, auch vom Canal Grande und von San Marco aus (tgl. 9–12, 15 bis 17.30 Uhr).

Santa Maria della Salute

An der **Punta della Dogana,** der Zollspitze, wurden früher alle Waren verzollt, die auf dem Seeweg nach Venedig gelangten. Seit 2009 befindet sich nach umfassenden Umbauarbeiten

Punta della Dogana

durch den Stararchitekten Tadao Ando hier das **Museum für Zeitgenössische Kunst** 4, das wie der Palazzo Grassi Kunstwerke aus der privaten Sammlung François Pinault präsentiert (tgl. außer Di 10–19 Uhr, www.palazzograssi.it).

Um die Spitze herum beginnt die Riva delle Zattere, die lange Flaniermeile, die einen wunderschönen Blick auf die vorgelagerte Insel Giudecca bietet. Das Restaurant **Lineadombra** besitzt eine Terrasse über dem Wasser. Besonders stimmungsvoll speist man hier am Abend mit Blick auf die beleuchtete Redentore-Kirche (s. Restaurants, S. 136). Vorbei an den **Magazzini del Sale** 5, den alten Salzspeichern, in denen Wechselausstellungen stattfinden, und dem **Aldo-Rossi-Theater,** gelangt man zur aus dem 15. Jh. stammenden Kirche **Spirito Santo** 6. Direkt daneben befindet sich das **Ospedale degli Incurabili** 7, in dem früher unheilbar Kranke und Aussätzige Aufnahme fanden und das später zu einem Waisenheim umfunktioniert wurde. Es folgen zwei weitere Kirchen: **Santa Maria del Rosario o dei Gesuati** 8 (Choruskirche) mit einem herrlichen Deckenfresko von Tiepolo und **Santa Maria della Visitazione** 9. Hier ist noch einer jener Briefkästen zu sehen, die früher zur Denunziation missliebiger Personen an die Staatsorgane installiert wurden. Über den im Sommer von blühendem Oleander gesäumten Rio terà Antonio Foscarini geht man Richtung Accademia zurück.

Touren im Anschluss: 2, 3, 4, 23, 24

Canal Grande
Canale della Giudecca
Dorsoduro
Punta della Dogana
Galleria dell'Accademia
Collezione Peggy Guggenheim
Santa Maria della Salute
Dogana da Mar François Pinault Foundation
Museum für Zeitgenössische Kunst
Magazzini del Sale
Spirito Santo
Ospedale degli Incurabili
Santa Maria d. Rosario o d. Gesuati
Santa Maria d. Visitazione
Gelato Nico
Museo Emilio Vedova
Lineadombra
Pte dell'Umiltà
Ex Chiesa S. Gregorio
Ca' Dario
Pal. Da Mula
Coll. V. Cini
Accademia Foscarini
Ponte dell' Accademia
Piccolo Mondo
Ca' del Duca
Pal. Falier
Pal. Loredan d. Amb.
Pensione Acc. Villa Maravege
San Trovaso
Enoteca Al Bottegon
Ca' Pisani
American Dinesen
Sant' Agnese
Schweizer Konsulat
Gallerie Loris Marazzi
Pal. Loredan
San Vidal
Campo F. Morosini
Alberto Valese
Pal. Pisani
Pal. Barbaro
Chiesa di San Maurizio
S. Maria d. Giglio
Pal. Corner (Ca' Grande)
Il Prato
Jesurum
Flora
P. Contarini-Fasan
San Moisè
Teatro Ridotto
Harry's Bar
Accademia
S.M. del Giglio
Salute
San Marco Vallaresso
Spirito Santo
Zattere
Zattere Ponte Lungo
Fond. Zattere ai Gesuati
Zattere agli Incurabili
Zattere al Spirito Santo
Fond. Zattere ai Saloni
Fond. D. a. Salute
Cpo d. Salute
C. Abazia
C. Bastion
Fond. V. d. Leoni
Fond. Ospedaleto
C.d. Chies
Cpo San Vio
Fsc. d. Forner
Rio terà A. Foscarini
Cpo d. Carità
C. Contarini Corfù
C.d. Toleta
C.d. Cerchieri
Fond. Bollani
Fond. Priuli
C.d. Pistor
C. Larga Nani
Rio di S. Trovaso
F. Meravegie
Fond.
Pisc. Venier
Venier
C. Franchi
Fond. de Ca' Bragadin
C. Capuzzi
C.d. Squero
C.S. Domenego
Cpo S. Agnese
C. A.d. Pte
R.d.a. Incurabili
Cllo Incurabili
R. terà San Vio
Cte d. Sabbion
C. e Sott. Molin
C.d. Monastero
Fond. Soranzo d. Fornaci
Fond. Ca'Balà
C. Lanza
R. t. d. Catecumeni
R.t.d. Catecumeni
C. d. Squero
C. Vetturi
Cpo San Vidal
Pte. S. Maurizio
Cpo Maurizio
C. Zaguri
C.d. Dose Da Ponte
F. Corner Zagu
F. Fenice
C.d. Piovan
Cpo S.M. dei Giglio
C.d. Ostreghe
Cpo Zobenigo
C. Gritti
Cpo d. Traghetto
Calle Larga 22 Marzo
C. Berga maschi
C.d. Traghetto
C. Barozzi
Cte Barozzi
Cpo S. Moisè
C. Martiri
C. del Ridotto
Fond. delle Farine
N
0
100 m
1cm = 70 m

Tour 13

Hinein ins Studentenleben

Zattere › Santa Maria della Visitazione › Gondelwerft › Campo San Barnaba › Campo Santa Margherita › Scuola Grande dei Carmini › Zattere

Start:	**Ⓥ Zattere (2, 5.1, 5.2, 6, 10, 16, N)**
Ziel:	**Ⓥ San Basilio (2, 6, N)**
Wann:	**jederzeit, besonders empfehlenswert an lauen Sommerabenden**
Distanz:	**2 km**

Dank des studentischen Flairs eines der sympathischsten Viertel der Stadt. Beschaulich am Tage, aber am Abend erwachen die Kneipen rund um Campo Santa Margherita und Campo San Barnaba zu neuem Leben. Neben den beiden Plätzen, die zu den schönsten der Stadt gehören, führt der Weg vorbei an Venedigs letzter Gondelwerft und der sehenswerten Scuola Grande dei Carmini.

Zattere

Sie zählen zu den beliebtesten Flaniermeilen der Stadt: die **Zattere,** der breite Kai, der sich von der Punta della Dogana in Richtung Fährhafen erstreckt. Vor allem am Abend, wenn die Kirchen der vis-à-vis gelegenen Giudecca-Insel angestrahlt sind, ein herrliches Plätzchen zum Schlendern. Touristen sind hier eindeutig in der Minderheit, stattdessen bestimmen die Venezianer das Bild des abendlichen *corso.* Doch dieser Weg führt weg von den Zattere, hinein in das lebendige Universitätsviertel. Hat man die Kirche **Santa Maria della Visitazione** 1 passiert, sollte man sich bei **Gelato Nico** ein Eis gönnen, bevor man rechts abbiegt und den Fondamenta Nani folgt. Linker Hand, auf der anderen Kanalseite, erblickt man in der unscheinbaren Holzhütte am Squero eine **Gondelwerft** 2, eine der letzten Venedigs. Hier werden nicht nur neue Gondeln gebaut, sondern auch die im Einsatz befindlichen repariert.

Gondelwerft

An der Brücke, die zum Campo San Trovaso führt, befindet sich mit der **Enoteca Al Bottegon** 3 (3) (tgl. bis ca. 21 Uhr) eines der traditionsreichsten und schönsten Weinlokale Venedigs. Hier sollte man es den Einheimischen gleichtun und gegen Abend auf ein Glas kühlen Weißen mit *cicchetti* einkehren. Überquert man die Brücke und schlendert über den **Campo San Trovaso** mit der gleichnamigen, ursprünglich aus dem 11. Jh. stammenden Kirche **San Trovaso** 4 (Mo–Sa 15–18 Uhr), die mit dem »Abendmahl« ein bedeutendes Werk Tintorettos besitzt, gelangt man zum Rio Ognissanti. Auf der anderen Seite des Kanals befindet sich die oft bis spät in den Abend geöffnete und hell erleuchtete Universitätsbibliothek. Der Weg zweigt hinter der Brücke in die stille Eremite ab, ganz am Ende befindet sich links das **Kloster der Eremitinnen.** Von der idyllischen Gasse – gegenüber lockt das Künstlerlokal **Montin** (€€) mit Garten – ist man im Nu am **Campo San Barnaba** mit der im 18. Jh. erbauten Kirche **San Barnaba** 5, die heute für Ausstellungen genutzt wird. An lauen Sommerabenden herrscht buntes Treiben am Campo, Cafés, Restaurants und Eisdielen laden zum Verweilen ein. Eines der beliebtesten Lokale ist das

Enoteca Al Bottegon

immer bis auf den letzten Tisch besetzte **Casin dei Nobili** (s. Restaurants, S. 135), das man auf dem Weg zum Campo San Barnaba passiert.

Dort führt dann links den **Ponte dei Pugni** 6, die »Brücke der Faustkämpfe«, über den Rio San Barnaba. Hier lieferten sich, schenkt man einem Gemälde in der Gallerie dell'Accademia Glauben, ab dem Mittelalter die im Osten ansässigen, reicheren Castellani mit den ärmeren Nicolotti auf der Westseite, derbe Schlägereien. An der Brücke liegt das voll beladene **Gemüseschiff** 4 vor Anker, das aber auf keinen Fall ablenken sollte von **Bressanello Artstudio** (s. Shopping, S. 141) mit fantastischen Venedig-Fotografien. In Sichtweite liegt der **Campo Santa Margherita** mit seinen zahlreichen Lokalen. In der Mitte des Platzes fällt die **Scuola dei Varoteri** 7 auf, die ehemalige Bruderschaft der Färber und Gerber. An der Fassade informiert eine historische Inschrift darüber, wie groß die Fische zu sein hatten, die hier einst verkauft wurden. Wendet man sich nach Westen, stößt man auf die **Scuola Grande dei Carmini** 8 mit fantastischen Deckengemälden von Tiepolo im Obergeschoss (tgl. 11–16 Uhr). Daneben steht die Kirche **Santa Maria dei Carmini** 9 aus dem 13./14. Jh., deren Dimensionen beim Betreten wahrlich überraschen (tgl. 7.30–12, 14.30–19 Uhr). Im Fachgeschäft **Aqua Alta** findet man Produkte aus fairem Handel (Mo–Sa 9.30–12.30, 16–19.30 Uhr). Zurück an den Zattere, kann man im **Ae Oche** (s. Restaurants, S. 137) gut Pizza essen.

MAL PAUSE MACHEN

Suchen Sie sich ein freies Plätzchen im »roten« **Il Caffè** am **Campo Santa Margherita** und genießen Sie die gelassene Stimmung auf diesem Platz, der noch weitgehend den Anwohnern und Studenten gehört.

Touren im Anschluss: 9, 10

Scuola Grande di San Rocco
Gelateria Millevoglie di Carolo Tarcisio
S. Pantalon
Cpo S. Pantalon
Pal. Balbi
Cpo di Santa Margherita
Ca' Foscari
Scuola dei Varoteri
Il Caffè
Scuola Grande dei Carmini
Sant'Aponal
Pal. Giustinian
Da Codroma
Aqua Altha Venice Jazz Club
Ca' Rezzonico
Ponte dei Pugni
S. Maria d. Carmini
San Barnaba
Cpo San Barnaba
Teatro L'Avogaria
Bressanello Artstudio
Casin dei Nobili
Pal. Loredan d. Amb.
Pensione Acc. Villa Maravege
Kloster Eremite
San Sebastiano
Montin
Stazione Marittima
Al Canton
Cpo d. S.Basegio
Cpo Ognissanti
Enoteca Al Bottegon
San Trovaso
Cpo S.Trovaso
Ae Oche
San Trovaso (Gondelwerft)
Gelato Nico
Santa Maria della Visitazione
S. Basilio
Zattere Ponte Lungo
Zattere
Canale della Giudecca
Isola della Giudecca
Fond. Zattere ai Gesuati
Fond. Zattere Ponte Lungo
Fond. di S. Sebastian
Fond. del Soccorso
Fond. Foscarini
Fond. Bonlini
Fond. d. Eremite
Fond. Rezzonico
C. L'Avogaria
C. Lunga San Barnaba
Rio Nuovo
C. Corte Contarini
N
0 100 m
1cm = 70 m

Tour 14

Im stillen Westen

Piazzale Roma › San Nicolò da Tolentino › San Nicolò dei Mendicoli › Chiesa dell'Angelo Raffaele › San Sebastiano › Zattere

Start: Ⓥ **Piazzale Roma (1, 2, 3, 4.1, 4.2, 5.1, 5.2, 6, N)**
Ziel: Ⓥ **San Basilio (2, 6, N)**
Wann: **jederzeit**
Distanz: **2 km**

Kaum ein Tourist verirrt sich in diese stille, abgelegene Gegend Venedigs, die – schon den nahe gelegenen Fährhafen erahnend – weit weniger pittoresk daherkommt als die meisten anderen Stadtteile. Und doch – auch hier wartet so manche Überraschung. Eine davon ist die Kirche San Nicolò dei Mendicoli, einst geistiger Zufluchtsort der Bettelmönche.

Wohltuende Stille umfängt einen, wenn man dem lauten, hektischen **Piazzale Roma,** an dem die Busse vom Festland ankommen, den Rücken kehrt und über die kleine Brücke hinweg direkt den von Zikadengesang durchdrungenen **Giardino ex Papadopoli** erreicht. Er ist eine der wenigen Parkanlagen Venedigs, wo man im Sommer Zuflucht vor der Hitze und Schwüle finden kann. Rasch ist man von hier am **Campo dei Tolentini** mit der gleichnamigen Kirche **San Nicolò da Tolentino** 1 angelangt, Grabstätte mehrerer Dogen sowie des Kardinals Francesco Morosini. Der Theatinerorden, der hier ansässig war, tat sich in der Krankenpflege hervor, kümmerte sich um Arme und um die Opfer der Pest von 1528. Als 1849 österreichische Truppen die

Stadt belagerten, wurde die Kirche von einer Kanonenkugel getroffen, die durch die Decke schlug und am Hauptaltar landete. Heute ist sie in die Fassade eingearbeitet. Im einstigen Konventsgebäude der Tolentiner hat die Architekturfakultät der Universität Venedig einen ihrer Sitze.

San Nicolò dei Mendicoli

Hat man die **Tre Ponti** überquert, die Brücke, die gleich drei Kanäle überspannt und nach der das ganze Viertel benannt ist, folgt ein längerer Wegabschnitt ohne nennenswerte Höhepunkte durch den Westen Dorsoduros, überwiegend entlang der geraden Fondamente. Man geht durch einen stillen und auch weniger herrschaftlichen Stadtteil Venedigs, in dem man stellenweise neuere Gebäude erblickt, die überall stehen könnten. Am Ende aber steht ein kleines Juwel: die Kirche **San Nicolò dei Mendicoli** 2, deren heutige Gestalt samt Campanile auf das 12. Jh. zurückgeht (Mo–Sa 10–12, 16–18 Uhr). In dem Psychothriller »Wenn die Gondeln Trauer tragen« nach der gleichnamigen Erzählung von Daphne du Maurier war Donald Sutherland hier als Restaurator tätig. Die »Kirche der Bettler« *(mendicoli)* besitzt, genau wie San Giacomi di Rialto, einen Säulenvorbau aus dem 14. Jh. Im Inneren befinden sich, sieht man von Girolamo Brusaferros »Mahl in Emmaus« ab, keine herausragenden Kunstwerke. Das verwundert kaum, wurde die Kirche doch in erster Linie von der armen Bevölkerung Dorsoduros, einem Stadtviertel, in dem hauptsächlich einfache Handwerker und Fischer lebten, aufgesucht. Kanäle umgeben den

MAL PAUSE MACHEN

Schräg gegenüber dem Portal der **Mendicoli-Kirche** lädt eine Holzbank zum Verweilen ein. Wie mag es wohl hier während der Dreharbeiten zu »Wenn die Gondeln Trauer tragen« zugegangen sein?

winzigen Kirchplatz, der das Zentrum einer der ältesten Gemeinden Venedigs bildet.

Schon von Weitem erblickt man auf der anderen Seite des Rio di San Nicolò die zu Beginn des 17. Jhs. erbaute, weiße **Chiesa dell'Angelo Raffaele** 3 (Mo–Sa 10–12, 15–17.30, So, Fei 9 bis 12 Uhr). Kunstwerke des Malers Francesco Guardi zieren das Innere des Gotteshauses, das in der völlig untouristischen Umgebung nur wenige Besucher betreten. Auf der Rückseite, am Campo dell'Angelo Raffaele, öffnet am Abend eine Bar. Findet gerade eine Messe statt, kann man hier sein Getränk zu Orgelmusik genießen. Über das großzügige Platzensemble erreicht man die nahe gelegene Kirche **San Sebastiano** 4 (Choruskirche), in der mehrere Werke von Veronese, darunter die »Madonna mit dem Hl. Petrus«, zu bewundern sind. Der Künstler wurde in der Kirche zur letzten Ruhe getragen. San Sebastiano gehörte zu einem 1396 gegründeten Kloster samt Armenhaus, das unter Napoleon geschlossen, in späteren Jahren jedoch wieder eröffnet wurde. Heute nutzt die Universität Venedig das Gebäude. Man überquert den Rio di San Sebastian und gelangt rasch an die **Zattere** zurück. Am Campo San Basegio befindet sich die nette Pizzeria **Al Canton** (€€), in der man in aller Gemütlichkeit und fern des Trubels gut essen kann. Auf der anderen Seite des Giudecca-Kanals erhebt sich weithin sichtbar der Mulino Stucky, eine ehemalige Getreidemühle, die seit einigen Jahren das Hotel Hilton beheimatet.

»Madonna mit dem Hl. Petrus«

Touren im Anschluss: 9, 10

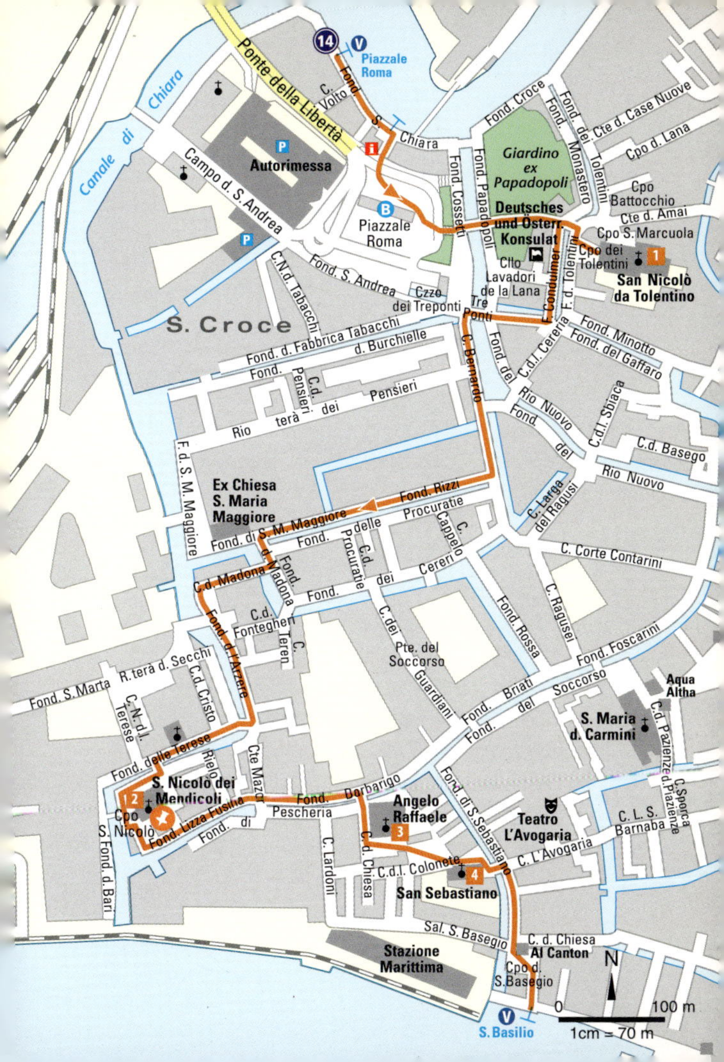
14
Piazzale Roma
Ponte della Libertà
Canale di Chiara
Campo d. S. Andrea
Autorimessa
Piazzale Roma
Fond. S. Chiara
C. Volto
Fond. Croce
Giardino ex Papadopoli
Fond. Cossetti
Fond. Papadopoli
Deutsches und Österr. Konsulat
Cpo dei Tolentini
San Nicolò da Tolentino
Cpo S. Marcuola
Cte d. Amai
Cpo Battocchio
Cpo d. Lana
Cte d. Case Nuove
Fond. dei Tolentini
Fond. Monastero
Fond. S. Andrea
C.N.d. Tabacchi
Czzo dei Treponti
Tre Ponti
Cllo Lavadori de la Lana
F. Condulmer
F. d. Tolentini
S. Croce
Fond. d. Fabbrica Tabacchi
Fond. d. Burchielle
C.d. Pensieri
Rio terà dei Pensieri
C. Bernardo
Fond. del Rio Nuovo
C.d.l. Cereria
Fond. Minotto
Fond. del Gaffaro
C.d.l. Sbiaca
C.d. Basego
Rio Nuovo
F. d. S. M. Maggiore
Ex Chiesa S. Maria Maggiore
Fond. Rizzi
Fond. di S. M. Maggiore
Fond. delle Procuratie
C.d. Procuratie
C. Cappello
C. Larga dei Ragusi
C. Corte Contarini
C.d. Madona
Fond. Madona
Fond. dei Cereri
C.d. Fontegheri
C. Teren
C. dei Guardiani
Pte. del Soccorso
Fond. Rossa
C. Ragusei
Fond. Foscarini
Fond. d. l'Arzere
R. terà d. Secchi
C.d. Cristo
Fond. S. Marta
C. N. d. Terese
Fond. delle Terese
Rielo
Cte Mazor
Fond. Briati
Fond. del Soccorso
Aqua Altha
S. Maria d. Carmini
C.d. Pazienze
S. Nicolò dei Mendicoli
Cpo S. Nicolò
Fond. Lizza Fusina
Fond. di Pescheria
Fond. Barbarigo
Angelo Raffaele
Fond. di S. Sebastiano
Teatro L'Avogaria
C. L'Avogaria
C. L. S. Barnaba
C. Sporca
Fond. d. Bari
C. Lardoni
C. d. Chiesa
C.d.l. Colonete
San Sebastiano
Sal. S. Basegio
C. d. Chiesa
Al Canton
Cpo d. S.Basegio
Stazione Marittima
S. Basilio
N
0
100 m
1cm = 70 m
1
2
3
4
P
B
i
V

Tour 15

Entlang der Kanäle Santa Croces

Santa Maria Gloriosa dei Frari › Scuola Grande di San Rocco › San Nicolò da Tolentino › Scuola Grande di San Giovanni Evangelista › Campo San Stin

Start: Ⓥ San Tomà (1, 2, N)
Ziel: Ⓥ San Tomà (1, 2, N)
Wann: jederzeit, sonntags vormittags ist die Frari-Kirche geschlossen
Distanz: 2,5 km

Ein unspektakulärer Spaziergang, der mit einem weniger touristischen Teil Venedigs bekannt macht und kurz den Canal Grande streift. Auf dem Weg durch den Westen Santa Croces lohnen einige Kirchen einen kurzen Stopp – und natürlich die Scuola Grande di San Giovanni Evangelista –, bevor man am Ende der Tour am Campo San Stin auf einen Kaffee einkehren kann.

Den Auftakt dieser Tour bildet die eindrucksvolle Kirche und Grabstätte Tizians **Santa Maria Gloriosa dei Frari** 1 ★6, deren Besichtigung man auf gar keinen Fall versäumen sollte. Die Kirche zählte übrigens zu den wenigen Sehenswürdigkeiten, die Rainer Maria Rilke bei seinem letzten Venedig-Aufenthalt 1920 besuchte, vollkommen hingerissen von der Tatsache, hier eines seiner absoluten Lieblingswerke, die »Assunta« von Tizian, wieder in seinem ursprünglichen Umfeld und nicht mehr nur in der Gallerie dell'Accademia bewundern zu können. Nicht weniger eindrucksvoll ist die **Scuola Grande di San Rocco** 2 ★7 mit ihrem umfangreichen Gemäldezyklus von Tintoretto. Wer anschließend noch mehr Kunst sehen möchte, kann in der Kirche **San Rocco** 3 weitere Werke des großen Renaissancemalers bewundern (tgl. 9.30–17.30 Uhr, Eintritt frei).

Anschließend führt ein ausgedehnter Bummel durch den nördlichen Bereich von Santa Croce. Auffallend ist hier, dass die Gassen, die Richtung Piazzale Roma führen, breiter sind als anderswo. Das hat mit den baulichen Veränderungen zu tun, die diese Ecke Venedigs im 19./20. Jh. erfahren hat.

Vis-à-vis des deutschen und österreichischen Honorarkonsulats befindet sich der **Campo dei Tolentini,** an dem sich die nach Plänen Scamozzis und Palladios 1591–1593 erbaute Kirche **San Nicolò da Tolentino** 4 erhebt. Hier, genauer gesagt, im Kreuzgang des Klosters, hat die Architekturfakultät der Universität Venedig einen Sitz. Die kleine Brücke, die nach links zum Giardino ex Papadopoli und zum geschäftigen Piazzale Roma, dem Busbahnhof, führt, lässt man links liegen und folgt stattdessen dem Rio dei Tolentini bis zum Canal Grande. Genau gegenüber dem Bahnhof Santa Lucia liegt die 1738 vollendete Kirche **San Simeon Piccolo** 5 mit ihrem markanten Säulenportikus. Sie war der letzte vollendete Kirchenbau der Republik Venedig und der erste der Stadt mit kreisförmigem Grundriss. Der grüne Kuppelbau erinnert an das römische Pantheon und ist ihm vermutlich nachempfunden.

San Simeon Piccolo

Auf der anderen Seite des Canal Grande dominiert rechter Hand die Kirche **Santa Maria degli Scalzi** das Bild.

Gemeinsam mit dem immerwährenden Strom von Besuchern, der über den Ponte degli Scalzi vom Bahnhof Santa Lucia aus in die Innenstadt Venedigs strömt, folgt man nach rechts abbiegend der Calle Lunga delle Chiovette und biegt dann nach links ab in die Calle Bergama. Jenseits der Brücke läuft man direkt auf die im Volksmund **San Simeon Grande** 6 genannte Kirche, eigentlich San Simeone Profeta, zu. Bereits 967 hat hier ein Gotteshaus existiert, damals noch ganz aus Holz erbaut, das aber bei einem Brand zerstört und 1150 wieder aufgebaut wurde. Die heutige Fassade ist indes jüngeren Datums, die Säulenbasilika stammt jedoch noch aus dem 12. Jh.

Scuola Grande di S. G. Evangelista

Wenig später hat man die **Scuola Grande di San Giovanni Evangelista** 7 erreicht, eine der sechs großen venezianischen *scuole*. Das dem Evangelisten Johannes geweihte Haus selbst ist nur im Rahmen von Konzerten, Ausstellungen und anderen Veranstaltungen zu besichtigen. Nur dann wird den Werken Tintorettos und Tiepolos, die das Gebäude schmücken, die verdiente Aufmerksamkeit zuteil. Durch ein schönes Portal samt Adler, dessen Gestaltung Pietro Lombardo zugeschrieben wird, betritt man den Innenhof. Nicht selten haben Künstler hier ihre Staffeleien vor dem Portal aufgebaut, um die eindrucksvolle Fassade auf Leinwand zu bannen.

MAL PAUSE MACHEN

Das Portal der **Scuola Grande di San Giovanni Evangelista** ist überwältigend schön, dass man hier, genau wie die Künstler, eine Weile innehalten und das Ensemble auf sich wirken lassen möchte.

Über die Calle del Tabacco gelangt man auf den gemütlichen **Campo San Stin,** wo man sich in der **Bar Il Vizietto** erfrischen kann, bevor man, vorbei an der Frari-Kirche, zum Vaporettoanleger San Tomà läuft.

Tour im Anschluss: 8

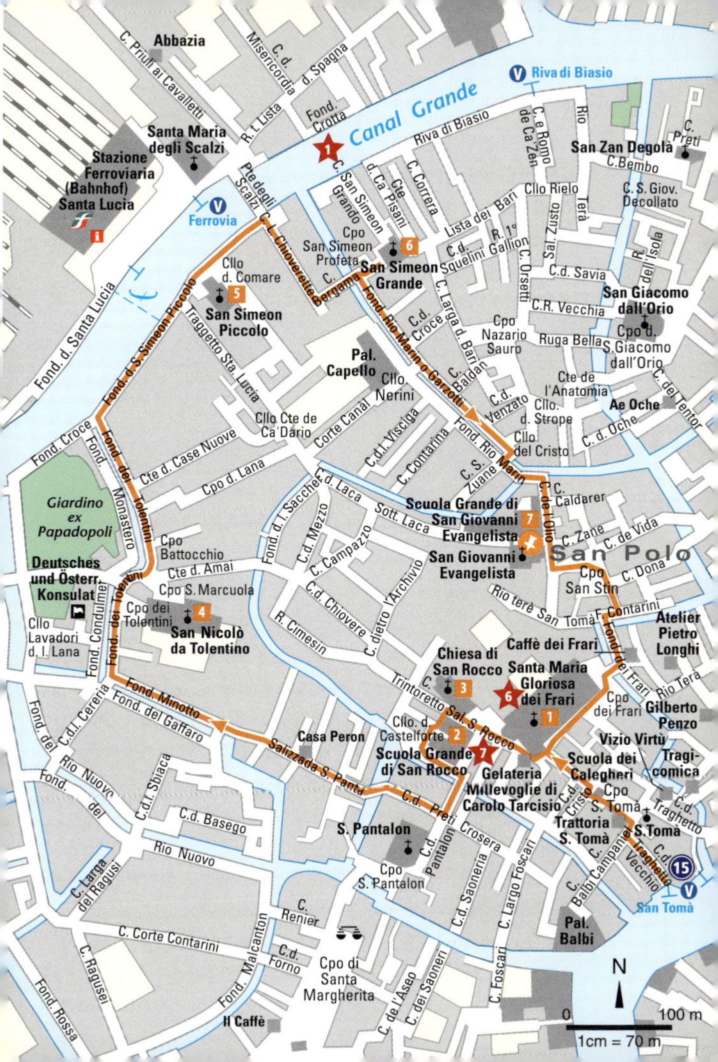
Canal Grande
Riva di Biasio
Ferrovia
San Tomà
Stazione Ferroviaria (Bahnhof) Santa Lucia
Santa Maria degli Scalzi
Abbazia
San Simeon Piccolo
San Simeon Grande
San Zan Degolà
San Giacomo dall'Orio
Pal. Capello
Scuola Grande di San Giovanni Evangelista
San Giovanni Evangelista
San Polo
Giardino ex Papadopoli
Deutsches und Österr. Konsulat
San Nicolò da Tolentino
Chiesa di San Rocco
Santa Maria Gloriosa dei Frari
Caffè dei Frari
Atelier Pietro Longhi
Gilberto Penzo
Vizio Virtù
Tragicomica
Scuola dei Calegheri
Scuola Grande di San Rocco
Gelateria Millevoglie di Carolo Tarcisio
Trattoria S. Tomà
S. Tomà
Casa Peron
S. Pantalon
Pal. Balbi
Ae Oche
Cpo di Santa Margherita
Il Caffè
Fond. d. Santa Lucia
Fond. d. S. Simeon Piccolo
Fond. dei Tolentini
Fond. Minotto
Salizzada S. Pantal
Fond. Rio Marin o Garzotti
Fond. Rio Marin
C. L. Chioverette
Fond. dei Frari
Rio Nuovo
N
0
100 m
1cm = 70 m

Tour 16

Das »Museumsviertel« am Canal Grande

Bahnhof Santa Lucia › Santa Maria degli Scalzi › San Giacomo dall'Orio › Fondaco dei Turchi › Palazzo Mocenigo › San Stae › Ca' Pesaro

Start:	Ⓥ Ferrovia (1, 2, 3, 4.1, 4.2, 5.1, 5.2, N)
Ziel:	Ⓥ San Stae (1, N)
Wann:	tgl. außer Mo, dann sind die Museen geschlossen
Distanz:	1,5 km

Gleich vier Museen locken in der Kanalschleife: das Naturkundemuseum mit Funden aus der Lagune, der Palazzo Mocenigo, in dem das Leben der venezianischen High Society lebendig wird, und die Ca' Pesaro mit dem Museum für moderne Kunst sowie dem Orientalischen Museum mit zahlreichen Exponaten aus Fernost.

Santa Maria degli Scalzi

Reichlich Trubel herrscht rund um den **Bahnhof Santa Lucia.** Auf der Bahnhofsseite, kurz vor dem Ponte degli Scalzi, erblickt man links die Kirche **Santa Maria degli Scalzi** 1, die im Ersten Weltkrieg fast vollständig zerstört wurde. Hier wurde der letzte Doge von Venedig, Ludovico Manin, beigesetzt (tgl. 7–11.50, 16–18.50 Uhr). Über den **Ponte degli Scalzi,** vorbei an der Kirche **San Simeon Grande** 2, gelangt man zum freundlichen, baumbestandenen **Campo San Giacomo dall'Orio,** einem beliebten Treffpunkt der Venezianer. An heißen Sommertagen erfrischen sich die Kinder an dem kleinen plätschernden Brunnen, junge Mütter sitzen plaudernd beisammen, während Kinder ihre ersten wackligen Fahrversuche auf dem Rad unternehmen. Hier, nahe am Kanal, befand sich einst das **Teatro Anatomico.** Ab 1671 wurden angehende Ärzte in Anatomie unterrichtet. Angeblich gehörte der Anatomiehörsaal zu den schönsten seiner Art in Europa. Ein Feuer hat ihn Anfang des 19. Jhs. unwiederbringlich zerstört. Der Platz selbst wird dominiert von der Kirche **San Giacomo dall' Orio** 3 (Choruskirche), eine der ältesten Venedigs. Ihre Ursprünge liegen im 9. Jh., heute weist die Kirche sowohl Elemente der Romanik und der Gotik als auch der Renaissance und des Barock auf. Einige Säulen stammen ursprünglich aus Konstantinopel und sind im Rahmen des Vierten Kreuzzuges 1204 nach Venedig gelangt.

MAL PAUSE MACHEN

Auch mit einer Glutenintoleranz kann man im **Ae Oche** Pizza genießen, denn sie werden auf Wunsch mit Kamutmehl gebacken.
- Calle del Tintor 12–15, ab 19 Uhr, €

Man verlässt den Platz über die Calle Larga und biegt vor der Brücke links in die Calle del Spezier ab, die sich im Zickzack durch die Gassen schlängelt, bis man die Johannes dem Täufer geweihte Kirche **San Zan Degolà** 4 erreicht. Das Gotteshaus zählt zu den wenigen Bauwerken der Lagunenstadt, in der noch weitgehend die original venezianisch-byzantinische Bauweise erhalten geblieben ist. Es wurde unter Napoleon in ein Warenlager umfunktioniert, wodurch das ursprüngliche Bauwerk beträchtlichen Schaden nahm. Die Russisch-Orthodoxe Gemeinde hält hier ihre Gottesdienste ab (Mo, Di, Do 10–12 Uhr). Man geht rechts um die Kirche herum durch die Calle dei Preti und läuft direkt auf den **Fondaco dei Turchi** 5 zu, einen überaus prunkvollen Bau, dessen repräsentative Schauseite erst vom Canal Grande aus so richtig sichtbar wird. Ursprünglich residierten hier die Herzöge von Ferrara, bevor der Palazzo zum Handelssitz der türkischen Kaufleute umfunktioniert wurde. Heute informiert dort das **Naturkundemuseum** (Museo di Storia Naturale) über die Flora und Fauna der Lagune und zeigt Funde von der Saharaexpedition eines venezianischen Wissenschaftlers (Juni bis Ende Okt. Di–So 10–18, sonst Di–Fr 9–17, Sa, So 10–18 Uhr).

Am Ponte del Megio befindet sich mit dem Restaurant **La Zucca** (s. Restaurants, S. 139) eine ultimative Adresse für Vegetarier. Von hier ist man rasch am **Palazzo Mocenigo** 6, der im Besitz einer der bedeutendsten venezianischen Familien war. Allein sieben Dogen entstammten der Familie Mocenigo. In dem anschaulich gestalteten Museum erfährt man einiges über den Lebensstil des Adels im 18. Jh., auch ihre prächtigen Gewänder sind zu bewundern (Di–So 10–17, im Winter 10–16 Uhr).

Geradeaus weitergehend gelangt man zum Canal Grande, an dem die Kirche **San Stae** 7 (Choruskirche) steht, die auch als Konzerthalle genutzt wird. Über die kleine Eisenbrücke, durch die Arkaden und sofort wieder links durch eine sehr schmale Gasse, läuft man direkt auf die **Ca' Pesaro** 8 zu, einen imposanten Palazzo, der die überaus sehenswerte **Galleria d'Arte Moderna** mit internationaler moderner Kunst und in der oberen Etage das **Museo Orientale** beherbergt, eine Sammlung von Kunstobjekten aus dem Fernen Osten (April–Okt. Di–So 10–18, Nov.–März 10–17 Uhr). Sollte man hier das Gefühl haben, der Boden schwanke unter den Füßen, so ist das keine Einbildung. In der Tat schwanken viele Palazzi am Canal Grande.

Galleria d'Arte Moderna

Touren im Anschluss: 1, 17

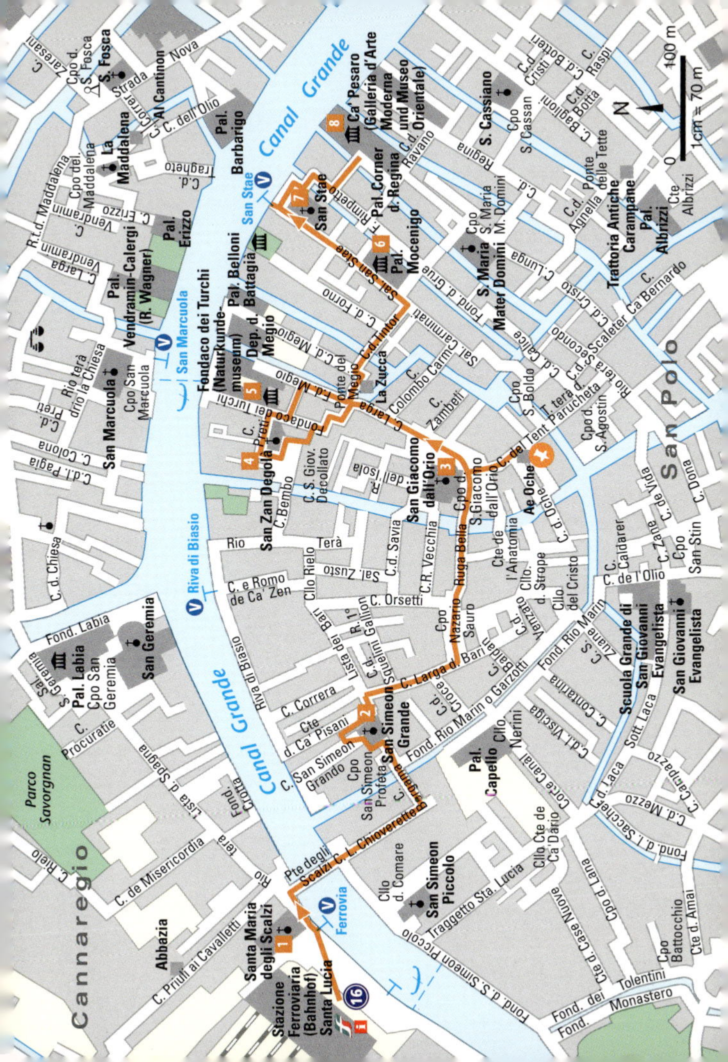

Canal Grande
Canal Grande
Cannaregio
San Polo
Stazione Ferroviaria (Bahnhof) Santa Lucia
16
Santa Maria degli Scalzi
1
Ferrovia
Pte degli Scalzi
C. L. Chioverette
San Simeon Grande
2
San Simeon Profeta
Cpo San Simeon Profeta
C. Larga d. Bari
Ruga Bella
Cpo Nazario Sauro
San Giacomo dall'Orio
3
Cpo d. S.Giacomo dall'Orio
Ae Oche
C. del Tent
San Zan Degolà
4
Fondaco dei Turchi (Naturkundemuseum)
5
Pal. Belloni Battagia
Dep. d. Megio
La Zucca
Ponte del Megio
Pal. Mocenigo
6
San Stae
7
Ca' Pesaro (Galleria d'Arte Moderna und Museo Orientale)
8
Pal. Corner d. Regina
S. Cassiano
S. Maria Mater Domini
Trattoria Antiche Carampane
Pal. Albrizzi
San Stae
San Marcuola
Riva di Biasio
San Marcuola
Pal. Vendramin-Calergi (R. Wagner)
Pal. Erizzo
Pal. Barbarigo
La Maddalena
Al Cantinon
S. Fosca
Strada Nova
San Geremia
Pal. Labia
Parco Savorgnan
Abbazia
San Simeon Piccolo
Pal. Capello
Scuola Grande di San Giovanni Evangelista
San Giovanni Evangelista
N
0
100 m
1cm = 70 m

Tour 17

Vom Bahnhof zum Jüdischen Getto

Santa Maria degli Scalzi › San Geremia › Palazzo Labia › Ponte delle Guglie › Parco Savorgnan › San Giobbe › Ponte Tre Archi › Jüdisches Getto

Start: Ⓥ Ferrovia (1, 2, 3, 4.1, 4.2, 5.1, 5.2, N)
Ziel: Ⓥ Guglie (4.1, 4.2, 5.1, 5.2)
Wann: jederzeit möglich; wer an einer Führung durchs Jüdische Getto teilnehmen möchte, sollte die Tour nicht auf einen Samstag legen
Distanz: 1,5 km

Breite Kanäle und schnurgerade verlaufende Fondamente prägen den Stadtteil Cannaregio, in dem einst zahlreiche Händler ansässig waren, die an den Wasserstraßen Kaffeebohnen, Stoffe und Gewürze umschlugen. Der folgende Weg vermittelt einen ersten Eindruck des heterogenen Stadtteils, der heute für seine stillen Ecken, ruhigen Wohngebiete und netten Kneipen bekannt ist.

Nur noch wenige Spuren erinnern daran, dass Cannaregio vor Jahrhunderten ein pulsierendes Handelszentrum war. Arabische Händler bestimmten hier das Stadtbild ebenso wie Ordensleute und die Juden im ältesten Getto Europas. Heute präsentiert sich Cannaregio als ein weitgehend ruhiger Stadtteil mit breiten Kanälen, an deren Ufern man in aller Seelenruhe entlangbummeln kann, und vergleichsweise wenigen Touristen.

Start dieses Spaziergangs ist der betriebsame Bahnhof. Einst stand an dieser Stelle die Kirche Santa Lucia, Mitte des 19. Jhs. jedoch wurde sie abgerissen, denn der 1846 erbaute Eisenbahndamm brachte fortan Zugpassagiere direkt in die Stadt. Heute trägt der moderne Bahnhof ihren Namen: **Santa Lucia.** Bevor man den Ponte degli Scalzi erreicht, liegt zur Linken die Kirche **Santa Maria degli Scalzi** 1 mit ihrer auffallenden Fassade aus kostbarem Carrara-Marmor; in der Kirche befinden sich Werke Tiepolos (tgl. 7–11.50, 16–18.50 Uhr, Eintritt frei, s. auch S. 68).

Der belebte Rio terà Lista di Spagna führt schnurstracks zum **Campo San Geremia** mit der gleichnamigen Kirche **San Geremia** 2, deren 43 m hoher Campanile schon von Weitem zu sehen ist. In dem Gotteshaus werden am Altar in einem gläsernen Sarg, um den man herumgehen kann, die sterblichen Überreste der Heiligen Lucia von Syrakus aufbewahrt. Von venezianischen Kaufleuten in Konstantinopel geraubt, befanden sie sich zuvor in der für den Bahnhofsbau abgerissenen Kirche Santa Lucia (tgl. 9 bis 12, 16.30–18.30, So und Fei 9.30–12.30 Uhr).

San Geremia

Ebenfalls am Platz befindet sich der prachtvolle **Palazzo Labia** 3, erbaut im 17./18. Jh. durch eine katalanische Familie, die sich in das venezianische Patriziat eingekauft hatte. Sein einziger Nachteil: Er lag nicht direkt am Canal Grande. Umso üppiger jedoch fiel die Innenausstattung aus. Mit der Ausschmückung des Ballsaals beauftragte die Familie niemand Geringeren als Tiepolo, der die meisterlichen Fresken schuf. Nachdem die Familie Labia ihr Vermögen verloren hatte und aus Venedig weggezogen war, wurde der Palast unterschiedlichen Nutzungen zugeführt. Er fungierte als Weberei, Sägemühle und Wohnraum für Familien. Eine kurze Glanzzeit folgte, nachdem der franko-mexikanische Ölmagnat Charles de Beistegui den Palazzo erworben und aufwendig restauriert hatte. Die feierliche Einweihung fand am 3. September 1951 bei einem Ball in historischen Kostümen statt. Seit 1964 gehört der Bau der RAI (Radiotelevisione Italiana), Italiens öffentlich-rechtlicher Rundfunkanstalt, die ihn aber längst wieder loswerden möchte.

Der **Ponte delle Guglie** 4, die über den Canale di Cannaregio führt, ist allein wegen der fratzenhaften Gesichter am Brückenbogen sehenswert. Der Weg führt jedoch weiter entlang des im Sommer schattenlosen Kanals. Wer mit Kindern unterwegs ist, kann einen kurzen Abstecher in den **Parco Savorgnan** 5 machen. Der Nachwuchs kann sich auf dem Spielplatz vergnügen. Anschließend geht es weiter zur wenig beachteten, 1389 gegründeten Franziskanerkirche **San Giobbe** 6, Grablege des Dogen Cristoforo Moro (Choruskirche, Mo–Sa 10–13.30 Uhr, zurzeit wegen Restaurierung geschlossen). Einige der Werke, die einst die Kirche schmückten, befinden sich heute in der Gallerie dell'Accademia. Wer unterwegs einkehren möchte: Die **Casa Bonita** (Mo geschl., €€€) bietet feinste italienische Küche, man sitzt direkt am Wasser und kann in der Ferne die Flugzeuge beim Landeanflug auf den internationalen Flughafen Marco Polo beobachten.

MAL PAUSE MACHEN

Weitab vom Trubel in den Gassen wähnt man sich im **Parco Savorgnan.** Nehmen Sie ein kleines Picknick mit und genießen Sie die Stille und Abgeschiedenheit dieses Ortes.

Ponte Tre Archi

Anschließend überquert man den dreibogigen **Ponte Tre Archi** 7 und schlendert auf der anderen Seite des Kanals in aller Ruhe zurück bis zum **Jüdischen Getto** 8. Hier gibt es weitere Restaurants, in denen man sich gut stärken kann.

Touren im Anschluss: 18, 19, 21

Tre Archi
Ponte Tre Archi
7
Fond. del Battello
Calle d. Madonna
Calle d. Sott. Scuro
Corte dei Verdei
Fondamenta di Cannaregio
Canale di Cannaregio
Crea
Fondamenta Savorgnan
San Giobbe
6
Rio terà d. Crea
C. d. S. Giovanni
Calle d. Chioverette
Scuola Levantina
Jüdisches Getto
Calle d. Forno
Ghetto Vecchio
Scuola Luzzatto
Scuola Spagnola
Casa Bonita
Calle Bosello
Calle Cendon
Gam Gam
Gettotor
8
Pescaria
Sot. de Ca Pozzo
Rielo
Fondamenta Venier
Guglie
Cannaregio
Calle
C. Vergola
Cannaregio
Parco Savorgnan
5
Ponte delle Guglie
4
Saliz. S. Geremia
Pal. Labia
3
Fondamenta Labia
Calle Procuratie
Campo San Geremia
2
San Geremia
Calle de Misericordia
Rio terà Lista d. Spagna
Calle Priuli ai Cavalletti
Abbazia
Riva di Biasio
Fondamenta Crotta
Canal Grande
Riva di Biasio
Santa Maria degli Scalzi
1
Stazione Ferroviaria (Bahnhof) Santa Lucia
17
Ferrovia
Ponte degli Scalzi
C. San Simeon Grando
Corte de Ca' Pisani
Calle Correra
Lista dei Bari
Fond. d. Santa Lucia
Fond. d. S. Simeon Piccolo
C. Lunga Chioverette
Campiello d. Comare
San Simeon Piccolo
C. Bergama
Campo San Simeon Profeta
San Simeon Grande
N
0
100 m
1 cm = 50 m

Tour 18

Jüdisches Getto

Gettotor › Ghetto Vecchio › Ponte del Ghetto › Ghetto Nuovo › Gedenkstätte der Judendeportation › Holocaust-Denkmal › Jüdisches Museum

Start: Ⓥ Guglie (4.1, 4.2, 5.1, 5.2)
Ziel: Ⓥ Guglie (4.1, 4.2, 5.1, 5.2)
Wann: jederzeit; Sa und an jüdischen Feiertagen bleibt das Museum jedoch geschlossen
Distanz: 0,5 km

Getto – der Begriff hat in Venedig seinen Ursprung und bedeutete Eisengießerei. 1516 wurde den Juden Venedigs per Senatsbeschluss das Gebiet der Eisengießerei in Cannaregio als Wohnstätte zugewiesen. 5000 Menschen lebten hier zeitweise in qualvoller Enge.

Auch die jüdische Bevölkerung Venedigs war im Mittelalter von sozialer und wirtschaftlicher Diskriminierung nicht ausgenommen. So durften Juden weder Seehandel treiben noch Grundbesitz erwerben. Man gestand ihnen zwar Religionsfreiheit zu, jedoch nicht die vollen Bürgerrechte; dafür lasteten umgekehrt hohe Steuerabgaben auf ihnen. Lediglich als Geldverleiher, Händler und Ärzte wurden Juden akzeptiert. Als Venedig Anfang des 16. Jhs. den Krieg gegen die »Liga von Cambrai« verlor, kam es erst zu vereinzelten Übergriffen, dann zu Pogromen gegen die Juden, die durch Kredite den Krieg auf dem Festland mitfinanziert hatten. Der Senat beschloss daraufhin 1516, alle Juden (damals rund 700 Personen) in ein eigenes Gebiet umzusiedeln: in die Eisengießerei (ital. *gheto*) in Cannaregio. Bis heute ist das Wort »Getto« ein Synonym für Judenviertel. Die Juden konnten zwar weiterhin ihren Geschäften nachgehen, doch sie mussten fortan ein Erkennungszeichen tragen, wenn sie sich außerhalb des Gettos bewegten, und abends wurden die Tore geschlossen und streng bewacht. Innerhalb des abgeriegelten Gebietes entstanden Talmudschulen, Synagogen, ein blühendes kulturelles Leben und sechs- bis siebenstöckige Wohnhäuser, in denen die Menschen, deren Zahl ständig wuchs, schließlich in drangvoller Enge lebten. Erst Napoleon öffnete 1779 das Getto, in dem mittlerweile 5000 Menschen wohnten. Nach einer Phase der Freiheit wurden 1944 rund 200 Juden durch die Nazis in die Vernichtungslager Osteuropas deportiert. Gegenwärtig leben noch rund 500 Juden in Venedig, nur wenige davon im Gebiet des ehemaligen Gettos.

Vor der Scuola Spagnola

Durch das **Gettotor** 1 betritt man das **Ghetto Vecchio** (Altes Getto), auf dem sich die alte Eisengießerei befand. Von den drei ehemaligen Synagogen am **Campiello delle Scuole,** die so in die normale Bebauung integriert sind, dass sie von außen nicht zu erkennen sind, kann man die **Scuola Spagnola** 2 und die **Scuola Luzzatto** 3, die von sephardischen Juden genutzt wurden, im Rahmen von Führungen besichtigen. Die **Scuola Levantina** 4 ist innen reich dekoriert und verfügt über eine kunstvoll geschnitzte Kanzel. Jüdische Bäckereien und kleine Geschäfte, die Kunsthandwerk und Schmuck anbieten, säumen den Weg.

Ghetto Nuovo

Über den **Ponte del Ghetto** erreicht man das auf einer Insel gelegene **Ghetto Nuovo**

Steinbänke laden unter Bäumen zu einer Rast auf dem **Platz des Ghettos** ein. Wer hier länger verweilt, wird einen Ausschnitt jüdischen Alltagslebens kennenlernen.

MAL PAUSE MACHEN

(Neues Getto), dessen Häuser sich um einen baumbestandenen, kreisrunden Platz mit Cafés, Restaurants, einem Hotel und Geschäften gruppieren. Direkt links, hinter den Sicherheitskräften, befindet sich die **Gedenkstätte der Judendeportation** 5, die an das Schicksal der 200 Juden erinnert, die von hier aus ihren Weg in die Vernichtungslager des Ostens antreten mussten. Vorbei an dem als Altersheim genutzten Trakt gelangt man zum erschütternden **Holocaust-Denkmal »Der Abtransport«** 6.

In der **Scuola Grande Tedesca** 7, dem von deutschstämmigen Juden erbauten Gotteshaus, das zu den ältesten des Gettos zählt, ist heute das winzige **Jüdische Museum** untergebracht, das die Geschichte der venezianischen Juden dokumentiert (tgl. außer Sa und an jüdischen Feiertagen von 1. Juni–30. Sept. 10 bis 19, sonst 10–17 Uhr). Hier beginnen auch die 40-minütigen Führungen durch das Getto inklusive Innenbesichtigungen der ehemaligen Synagogen (stdl. zwischen 10.30 und 17.30 Uhr).

Gedenkstätte

Vorbei an der **Scuola Italiana** 8, wo das Hotel **Locanda del Ghetto** (s. Hotels, S. 132) residiert, führt der Weg zurück durch das Alte Getto. Durch das Gettotor erreicht man die Fondamenta di Cannaregio. Hier kann man im **Gam Gam** (s. Restaurants, S. 135) zu günstigen Preisen koschere Küche probieren, darunter auch leckere vegetarische und vegane Gerichte.

Touren im Anschluss: 17, 19, 21

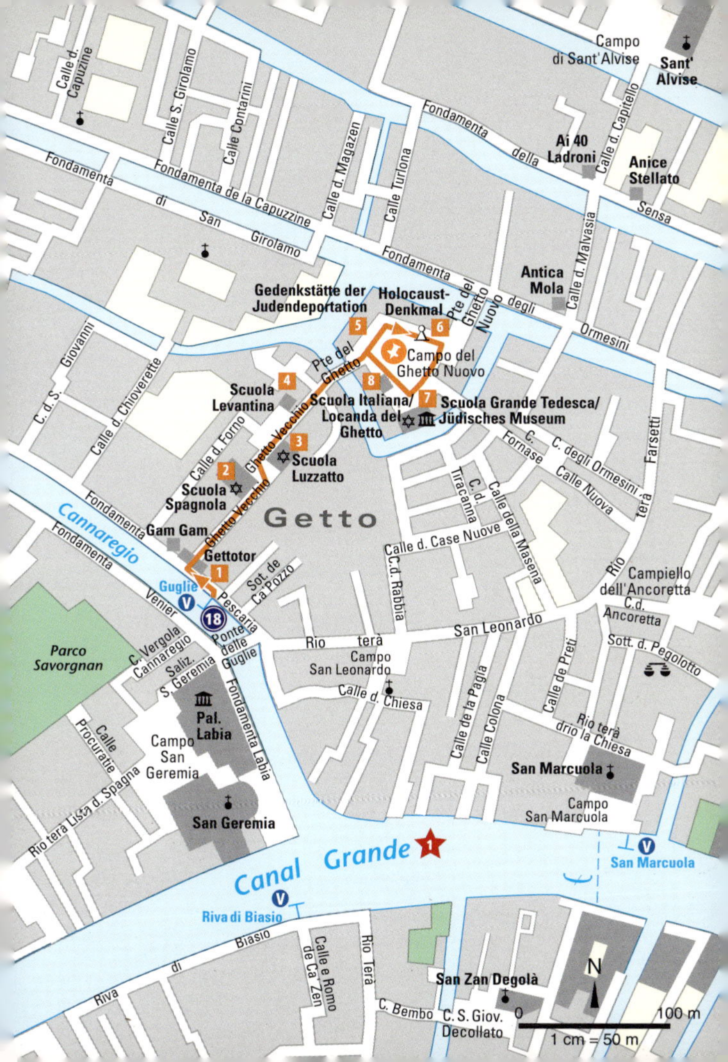
Campo di Sant'Alvise
Sant' Alvise
Calle d. Capuzine
Calle S. Girolamo
Calle Contarini
Calle d. Magazen
Calle Turlona
Fondamenta della Sensa
Ai 40 Ladroni
Calle d. Capitello
Anice Stellato
Fondamenta di San Girolamo
Fondamenta de la Capuzzine
Fondamenta degli Ormesini
Antica Mola
Calle d. Malvasia
Gedenkstätte der Judendeportation
Holocaust-Denkmal
Pte del Ghetto Nuovo
Campo del Ghetto Nuovo
Pte del Ghetto
C. d. S. Giovanni
Calle d. Chioverette
Scuola Levantina
Scuola Italiana/ Locanda del Ghetto
Scuola Grande Tedesca/ Jüdisches Museum
Calle d. Forno
Ghetto Vecchio
Scuola Luzzatto
Scuola Spagnola
C. Fornase
C. degli Ormesini
Calle Nuova
Farsetti
Rio terà
C. d. Tiracanna
Calle della Masena
Getto
Fondamenta Cannaregio
Gam Gam
Gettotor
Calle d. Case Nuove
C.d. Rabbia
Sot. de Ca Pozzo
Guglie
Pescaria
Fondamenta Venier
Ponte delle Guglie
Campiello dell'Ancoretta
C.d. Ancoretta
Sott. d. Pegolotto
Rio terà San Leonardo
Campo San Leonardo
Calle d. Chiesa
Parco Savorgnan
C. Vergola Cannaregio
Saliz. S. Geremia
Pal. Labia
Fondamenta Labia
Calle Procuratie
Campo San Geremia
Calle de Preti
Calle de la Pagia
Calle Colona
Rio terà drio la Chiesa
San Marcuola
Campo San Marcuola
Rio terà Lista d. Spagna
San Geremia
Canal Grande
San Marcuola
Riva di Biasio
Riva di Biasio
Calle e Romo de Ca' Zen
Rio Terà
C. Bembo
C. S. Giov. Decollato
San Zan Degolà
N
0
100 m
1 cm = 50 m

Tour 19

Auf den Spuren Tintorettos

Jüdisches Getto › Sant'Alvise › Madonna dell'Orto › Campo dei Mori › Casa del Tintoretto

Start: Ⓥ Guglie (4.1, 4.2, 5.1, 5.2)
Ziel: Ⓥ Orto (4.1, 4.2, 5.1, 5.2)
Wann: jederzeit, sonntags bleibt die Kirche Madonna dell'Orto geschlossen
Distanz: 1,5 km

Ein entspannter Bummel, bei dem man ins Alltagsleben der Venezianer eintaucht und zugleich die Heimat Tintorettos kennenlernt. Nicht weit entfernt von der Kirche Madonna dell'Orto, in der der große Maler begraben liegt, steht sein Wohnhaus, das auf bescheidene Lebensverhältnisse schließen lässt.

Drei Brücken führen vom Ghetto Nuovo, dem Herzstück des **Jüdischen Gettos** 1, weg. Über den Ponte del Ghetto Nuovo verlässt man den Gettobereich Richtung Norden, um sich in einem Viertel Venedigs wiederzufinden, in dem die Venezianer noch überwiegend unter sich sind und ihren Alltagsgeschäften nachgehen. Die Fondamenta degli Ormesini laden geradezu zu einem entspannten Bummel ein. Hier hält man es am besten mit den Einheimischen und kehrt in einem der Cafés, Bàcari oder Restaurants ein, beispielsweise im **Antica Mola** (Fondamenta degli Ormesini 2800, tgl. geöffnet, €€). Weiter geht es dann nach links in die schmale Calle della Malvasia. Folgt man der Gasse geradeaus, überquert man zunächst den Rio della Sensa (Restaurant **Ai 40 Ladroni,** €€) und dann den Rio di

Sant'Alvise und erreicht so am **Campo Sant'Alvise** die Kirche **Sant'Alvise** 2 (Choruskirche) aus dem 14. Jh. Hier sind gleich mehrere Werke Giovanni Battista Tiepolo zu bewundern.

Wieder zurück, biegt man nach links in den Fondamenta delle Sensa nach links ab, vorbei am Restaurant **Anice Stellato** (Fondamenta della Sensa 3272, Mi–So geöffnet, hervorragender fangfrischer Fisch, €€) und folgt dem Verlauf des Kanals, bis links die extrem schmale Calle Loredan abzweigt. Von hier ist es nur noch ein Katzensprung, vorbei am liebenswerten **Corte Cavallo** und dem vornehmen Grand Hotel dei Dogi, bis zur Kirche **Madonna dell'Orto** 3 10 5 (Choruskirche). Benannt wurde die Backsteinkirche aus dem 15. Jh., die auf eindrucksvolle Weise die venezianische Spätgotik repräsentiert, nach dem Garten *(orto)*, in dem eine wundertätige Madonnenstatue gefunden wurde. Berühmt hingegen wurde sie durch den Maler Jacopo Tintoretto (1518–1594), der ganz in der Nähe der Kirche aufgewachsen ist und ihr einige seiner schönsten Werke vermacht hat: Im Altarraum hängt rechts das »Jüngste Gericht«, links die »Anbetung des Goldenen Kalbs«. Weitere bedeutende Werke wie die »Erweckung des Licinius« findet man im linken Seitenschiff sowie den »Tempelgang Mariens«, der Rainer Maria Rilke zu einem seiner schönsten Gedichte inspirierte, im rechten Seitenschiff. Tintoretto, der »Sohn eines Färbers« *(tintore)* liegt gemeinsam mit seiner Familie in der Kirche begraben. Sein ganzes Leben hat Tintoretto in Venedig zugebracht, heute kann man an verschiedenen Orten seine von expressiver Dramatik gestalteten Bilder bewundern (s. Scuola Grande di San Rocco, S. 40).

Madonna dell'Orto

MAL PAUSE MACHEN

Der **Campo dei Mori** zählt zu den schönsten Campi der Stadt. Im Sommer kann man sich beim Kiosk niederlassen und bei einem Getränk die Fantasie spielen lassen, wie es hier wohl zu Zeiten Tintorettos war.

Der Kirche ist ein kleines Museum angegliedert.

Über die Brücke hinweg gelangt man zum **Campo dei Mori** 4, einem trichterförmig zulaufenden Platz, an dem kaum noch etwas daran erinnert, dass hier im Mittelalter geschäftiges Treiben herrschte: Am Kanal lagen Boote vor Anker, am Kai stapelten sich die Säcke mit orientalischen Gewürzen, Kaffee, Tee und anderen Waren aus aller Herren Länder. Lediglich die drei »Mori« mit ihren Turbanen, die am linken Eckhaus in die Außenwand eingelassen sind, geben einen Hinweis. Denn »Moro« (Maure) nannten die Venezianer alles Fremdländische. Die Figuren wurden im 13./14. Jh. gearbeitet und stellen die levantinischen Kaufleute Rioba, Sandi und Afani Mastelli dar. Eine weitere Maurenstatue ziert die nur wenige Meter entfernt gelegene **Casa del Tintoretto** 5, ein unscheinbares Haus, in dem der Künstler, der El Greco zu seinen Schülern zählte, bis zu seinem Tod 1594 gelebt hat (nur von außen zu besichtigen – und an dem noch immer sein Name an der Klingel steht). Bei der gefürchteten *acqua alta,* dem jährlichen Hochwasser, ist der recht tief gelegene Campo dei Mori meist völlig überflutet. Übrigens: In der **Bottega del Tintoretto** (Fondamenta dei Mori 3400, Tel. 041 72 20 81, tgl. außer So 10 bis 19 Uhr), nicht weit von Tintorettos Wohnhaus entfernt, können Künstler und Hobbymaler bei Roberto Mazzetto in die »Schule« gehen.

Casa del Tintoretto

Tour im Anschluss: 20

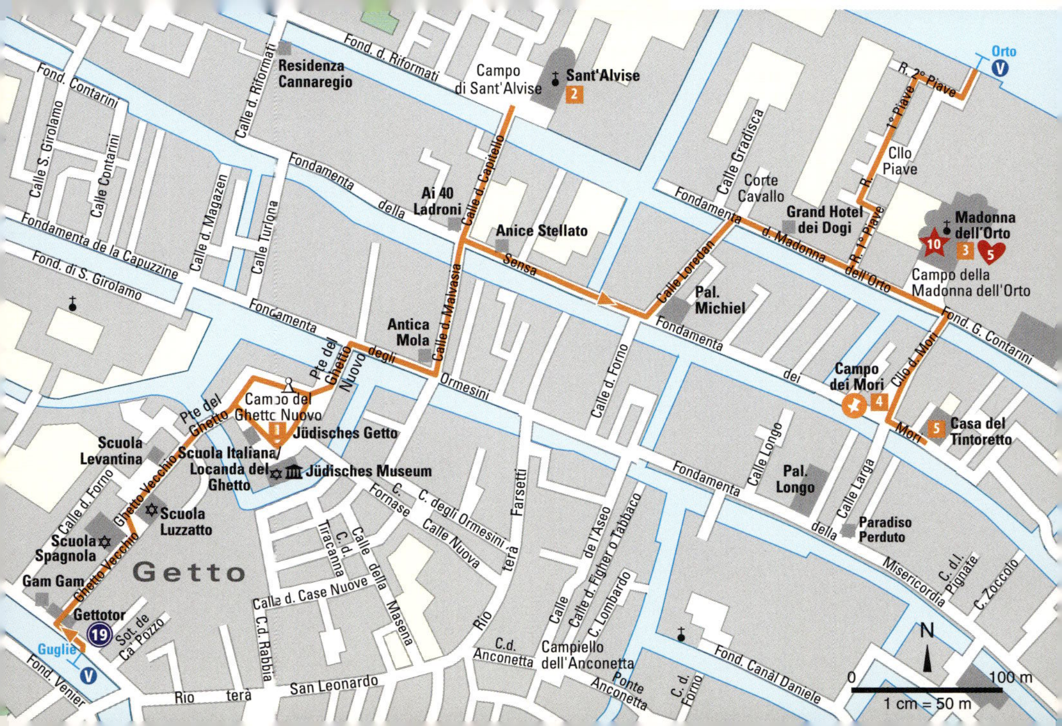
Orto
R. 2° Piave
1° Piave
Cllo Piave
R.
R. 1° Piave
Madonna dell'Orto
10
3
5
Campo della Madonna dell'Orto
Fond. G. Contarini
Clla d. Mori
Mori
Casa del Tintoretto
5
Campo dei Mori
4
Grand Hotel dei Dogi
Corte Cavallo
Calle Gradisca
Fondamenta d. Madonna dell'Orto
Calle Loredan
Pal. Michiel
Fondamenta dei Mori
Sant'Alvise
2
Campo di Sant'Alvise
Fond. d. Riformati
Residenza Cannaregio
Calle d. Riformati
Calle d. Capitello
Ai 40 Ladroni
Anice Stellato
Sensa
Fondamenta della Sensa
Calle d. Malvasia
Antica Mola
Fondamenta degli Ormesini
Calle d. Forno
Pal. Longo
Calle Longo
Calle Larga
Paradiso Perduto
Fondamenta della Misericordia
C. d. l. Pignate
C. Zoccolo
Fond. Canal Daniele
C. d. Forno
Ponte Anconetta
Campiello dell'Anconetta
C.d. Anconetta
Calle de l'Aseo
Calle d. Figher o Tabbaco
C. Lombardo
Farsetti
Rio terà
C. degli Ormesini
Calle Nuova
C. Fornase
Calle della Masena
C. d. Tiracanna
Calle d. Case Nuove
C.d. Rabbia
Rio terà San Leonardo
Pte del Ghetto Nuovo
Campo del Ghetto Nuovo
1
Jüdisches Getto
Jüdisches Museum
Scuola Italiana/ Locanda del Ghetto
Pte del Ghetto
Ghetto Vecchio
Scuola Levantina
Scuola Luzzatto
Scuola Spagnola
Calle d. Forno
Getto
Gam Gam
Gettotor
19
Sot. de Ca Pozzo
Guglie
Fond. Venier
Fond. Contarini
Calle S. Girolamo
Calle Contarini
Fondamenta de la Capuzzine
Fond. di S. Girolamo
Calle d. Magazen
Calle Turlona
N
0
100 m
1 cm = 50 m

Tour 20

Im Misericordia-Viertel

Madonna dell'Orto › Abbazia della Misericordia › Santa Maria della Misericordia › Scuola Nuova di Santa Maria della Misericordia › Palazzo Vendramin-Calergi

Start: Ⓥ Orto (4.1, 4.2, 5.1, 5.2)
Ziel: Ⓥ San Marcuola (1, N)
Wann: jederzeit im Sommer wie im Winter möglich
Distanz: 2 km

Abseits der großen Touristenströme entdeckt man in dieser stillen und abgelegenen Ecke typisch venezianische Lebensart – und nähert sich am Ende dann doch wieder dem Canal Grande. Im Palazzo Vendramin-Calergi am Canal Grande starb am 13. Februar 1883 Richard Wagner.

Campo dell'Abbazia

Von der berühmten Tintoretto-Kirche **Madonna dell'Orto** 1 ★10 ist man rasch an der **Sacca della Misericordia.** Hier, auf der Brücke am kleinen Bootshafen, sollte man kurze Zeit verweilen und den schönen Blick über die Lagune auf die vorgelagerte Toteninsel San Michele sowie Murano genießen, bevor man seinen Weg fortsetzt zum **Campo dell'Abbazia.** An diesem stillen Platz liegen die aus dem 10. Jh. stammende **Abbazia della Misericordia** 2 und die 1659 erbaute Kirche **Santa Maria della Misericordia** 3, leider befinden sich beide im fortgeschrittenen Zustand des Verfalls. Eine Innenbesichtigung ist nicht möglich. Man folgt dem Weg über die Brücke und nimmt den nächsten Abzweig nach rechts. Hier lohnt ein Blick auf die **Scuola Nuova di Santa Maria della Misericordia** 4, ein gewaltiger, von Sansovino entworfener Ziegelbau, der jedoch unvollendet blieb und in jüngster Zeit als Sporthalle genutzt wurde. Direkt daneben erhebt sich der prächtige **Palazzo Lezze** 5 von 1670, für den Baldassare Longhena verantwortlich zeichnete.

Teatro Italia

Lässt man seinen Blick ein wenig schweifen, entdeckt man hier, wie übrigens an vielen anderen Stellen Venedigs, zauberhaft begrünte Dachgärten, stille Oasen in der von Stein geprägten Stadt, die im Hochsommer einem glühenden Backofen gleicht. Während man nun weiter der wunderschönen Fondamenta della Misericordia folgt, sollte man in eines der Cafés, Restaurants oder Bàcari einkehren, die den Weg säumen. Eines der Lokale hat längst Kultstatus: das **Paradiso Perduto** 6, das »Verlorene Paradies«. Es ist Szene- und Studententreff, Restaurant und Musikkneipe in einem. An den Wochenenden treten hier mitunter Livebands auf (s. Nightlife, S. 148).

Auf dem Weg Richtung Canal Grande passiert man den lebhaften **Campiello dell' Anconetta.** Ein Schriftzug erinnert noch immer daran, dass hier mit dem **Teatro Italia** einst ein Kino existiert hat. Und wem die Kulisse irgendwie bekannt vorkommt: In der Verfilmung von Cornelia Funkes »Herr der Diebe« ist sie das Stella-Kino. Wem nun

MAL PAUSE MACHEN

Ein Glas Wein in authentisch venezianischer Atmosphäre bekommt man in der Bar **Cantine Aziende Agricole** – ein Häppchen dazu und die Welt ist rund.

- Rio Tera Farsetti
  Mo–Sa 17–22 Uhr

nach Leckereien zumute ist, der findet in der **Pasticceria Nobile** eine große Auswahl. Hier beginnt das Einkaufsviertel, zahlreiche Schuh- und Modegeschäfte laden zum Schaufensterbummel ein. Man folgt der Calle dell'Anconetta, passiert die Brücke und läuft den Rio terà della Maddalena entlang, bis hinter der Pizzeria Serenissima rechts die Calle L. Vendramin abzweigt. Am Ende, am Canal Grande, erhebt sich der **Palazzo Vendramin-Calergi** 7, in dem heute Venedigs Spielbank residiert. Von Mauro Condussi 1481–1509 errichtet, erlangte der Renaissancepalast, dessen Schauseite sich am Canal Grande befindet, v.a. durch Richard Wagner Berühmtheit, der den 20 Zimmer umfassenden Grimaldi-Flügel im Zwischengeschoss gemietet hatte und hier von 1882 bis zu seinem Tod am 13. Februar 1883 lebte. 1995 wurde ein kleines **Wagner-Museum** samt Studienzentrum eingerichtet, das an den großen Komponisten erinnert, jedoch nur nach Vereinbarung mittwochs und samstags vormittags besichtigt werden kann.

P. Vendramin-Calergi

Wieder zurück auf dem Rio terà della Maddalena, wendet man sich nach rechts und erreicht, vorbei an zahlreichen Geschäften, in wenigen Minuten den **Campo della Maddalena** 8, der neben den bunt getünchten, etwas zusammengewürfelten Häuschen samt auffälligen Kaminkonstruktionen eine Rundkirche aus dem 18. Jh. beherbergt. Wer jetzt einkehren möchte, dem sei die Osteria **Al Cantinon** empfohlen (€€, Mo geschl.), die hinter der Kirche unter dem schattigen Sottoportego de le Colonete gute Fischgerichte serviert.

Touren im Anschluss: 21, 22

Sant'Alvise
Canale delle Navi
20 Orto
Sant'Alvise
Cpo di Sant'Alvise
C. d. Capitello
C. d. Rotonda
C. Larga Canossiane
C. d. Capitello
Ai 40 Ladroni
Anice Stellato
Fond. della Sensa
Cte Cavallo
Grand Hotel dei Dogi
R. 2° Piave
R. 1° Piave
Cllo Piave
Madonna dell'Orto
Cpo d. Madonna dell'Orto
Fond. d. Madonna dell'Orto
C. Loredan
Pal. Michiel
C.d. Malvasia
Antica Mola
F. d. Ormesini
C. d. Forno
Fond. dei Mori
Cllo d. Mori
Casa del Tintoretto
Pal. Mastelli del Cammello
Fond. Gaspare Contarini
Pal. Contarini dal Zaffo
Sacca della Misericordia
Farsetti
C.d. Ormesini
C. Nuova
terà
Rio
C. Longo
Pal. Longo
C. Larga
Paradiso Perduto
Fondamenta della Misericordia
C. d. l. Pignate
C. Zoccolo
Fond. dell'Abazia
Corte Vecchia
F.d. Misericordia
Abbazia della Misericordia
Santa Maria della Misericordia
Calle de l'Aseo
C.d. Figher o Tabbaco
C. Lombardo
Cllo
C.d. dell'Anconetta
Anconetta
Sott. d. Pegolotto
Pte Anconetta
Fond. Can. Daniele
S. Marziale
Cpo S. Marziale
C. Zaresani
Fond. d. Trapolin
Scuola Nuova di Santa Maria della Misericordia
F. d. Abbazia
Pal. Lezze
C.d. Preti
Rio terà drio la Chiesa
C. Larga Vendramin
C. d. Forno
R.t.d. Maddalena
Cpo del. Maddalena
C. Vendramin
C. Erizzo
La Maddalena
Cpo d.S. Fosca
F. Vendramin
S. Fosca
Strada Nova
Correr
San Marcuola
Cpo San Marcuola
Pal. Vendramin-Calergi (R. Wagner)
Pal. Erizzo
San Marcuola
C.d. Tragheto
C. dell'Olio
Al Cantinon
Pal. Giovanelli
Cte d. Preti
C. della Racheta
Fond. San Felice
C. Larga
C. Corrente
Fondaco d. Turchi
Fondaco dei Turchi (Naturkunde-museum)
Pal. Belloni Battagià
Dep. d. Megio
San Stae
Pal. Barbarigo
Canal Grande
Cpo San Felice
San Felice
F. Priuli
C.d. Pistor
Strada
Alla Vedova
C. Zotti
C. de la Vele
C. Priuli
C.d. Cristo
F.d. Megio
C.d. Megio
Pte d. Megio
San Stae
Galleria Franchetti
Ca' d'Oro
R. Ca' d'Oro
Nova
C. d. Forno
Sal. San Stae
F. Rimpetto
Ca' Pesaro (Galleria d'Arte Moderna und Museo Orientale)
Pal. Corner d. Regina
C. Verdi
La Zucca
C.d. Tintor
Pal. Mocenigo
C. Larga
C. Colombo
C. Carm
C.d. Ravano
C. Corner
C.d. Rosa
Ca' d'Oro
N
0
100 m
1cm = 70 m

Tour 21

Von der Strada Nova zu den Fondamente Nove

Campo della Maddalena › Ca' d'Oro › Scuola del Angelo Custode › Santi Apostoli › Oratorio dei Crociferi › Chiesa dei Gesuiti Santa Maria Assunta › Fondamente Nove

Start: Ⓥ San Marcuola (1, 2, N)
Ziel: Ⓥ Fondamente Nove (4.1, 4.2, 5.1, 5.2, 12, 13, 22)
Wann: an Wochentagen, denn sonntags bleiben verschiedene Geschäfte geschlossen
Distanz: 2 km

Sie heißt »Strada«, ist 10 m breit und tatsächlich die einzige »Straße« Venedigs. Zwar lockt die 1871 eingeweihte, beliebte Einkaufsmeile in erster Linie ein kauflustiges Publikum an, doch es gibt auch Hochkarätiges zu entdecken: beispielsweise die Ca' d'Oro mit einem bemerkenswerten Kunstmuseum.

Am kleinen **Campo della Maddalena** sollte man einen kurzen Moment verweilen. Hübsch anzusehen ist das Ensemble der kleinen Häuser und windschiefen Dächer. Zumal sofort ein Kontrastprogramm folgt: Mit der **Strada Nova** beginnt hier Venedigs einzige »echte Straße«, ab 1876 als Arbeitsbeschaffungsmaßnahme geplant und 1871 eingeweiht. Um eine möglichst direkte Verbindung vom neu gebauten Bahnhof Santa Lucia zur Piazza San Marco zu schaffen, mussten zahlreiche alte Häuser abgerissen werden – aus heutiger Sicht eine städtebaulich äußerst fragwürdige Entscheidung.

Linker Hand öffnet sich der **Campo Santa Fosca** mit der gleichnamigen Kirche. Hier erinnert ein **Standbild** an **Paolo**

Sarpi 1, einen 1552 in Venedig geborenen Historiker und Ordensmann, der als Kritiker der päpstlichen Macht mit dem Bann belegt wurde. Um sein Leben fürchtend, zog sich der Schriftgelehrte in ein Kloster in Venedig zurück, wo er 1623 starb.

Über den **Campo San Felice** mit der gleichnamigen **Kirche** aus dem 16. Jh. (Mo–Sa 9–12, 16–19 Uhr) erreicht man ein Juwel der venezianischen Gotik: die **Ca' d'Oro** 2. Die ganze Pracht dieses zwischen 1422 und 1440 entstandenen »Goldenen Hauses«, dessen Fassade einst mit Blattgold verziert war, erfasst man erst vom Canal Grande aus. Heute befindet sich hier eines der bedeutendsten Museen der Stadt: die **Galleria Franchetti**, in der altes venezianisches Mobiliar und Kunsthandwerk sowie Gemälde großer Meister ausgestellt werden, darunter Tizians »Venus im Spiegel« und Mantegnas »Hl. Sebastian«. Wunderschön ist auch der Innenhof mit dem von Bartolomeo Bon gestalteten Brunnen (Mo 8.15–14, Di–Sa 8.15–19.15 Uhr, So/Fei bisweilen andere Öffnungszeiten).

Galleria Franchetti

Am **Campo Santi Apostoli** befindet sich eine weitere *scuola*: die **Scuola del Angelo Custode** 3, die von der Evangelisch-Lutherischen Gemeinde genutzt wird (Do, Fr, Sa, So 17–19 Uhr). Ein Blickfang am hübschen, baumbestandenen Platz ist der Campanile der Kirche **Santi Apostoli** 4, einer der höchsten Venedigs. In dieser Kirche lag zeitweise Caterina Cornaro, die Königin von Zypern, begraben, bevor sie nach San Salvatore umgebettet wurde. Auf der anderen Kanalseite lädt die

MAL PAUSE MACHEN

Alla Vedova heißt das alteingesessene Bàcaro, das herrliche *cicchetti* zaubert. Tolle Atmosphäre und ein perfekter Tourstopp.
• Ramo Ca' d'Oro/Calle del Pistor (s. S. 139)

Trattoria Al Vagon

Trattoria Al Vagon unter dem Sottoportego zu einer Rast ein (€€), wo sich besonders pittoreske Gondelmotive bieten.

Auf dem nun folgenden Stück zu den Fondamente Nove verdient der **Palazzo Zen** 5 von 1537 Aufmerksamkeit. An der Fassade erinnert eine Steintafel an Nicolò und Antonio Zeno, die angeblich um 1400 nach Nordamerika gesegelt sind. Direkt dahinter befindet sich das unscheinbare **Oratorio dei Crociferi** 6 mit seinen auffälligen vier Kaminen. In der Mitte des 12. Jhs. erbaut, wurde das Oratorio einst vom Crociferi-Orden als Hospital betrieben, in dem erschöpfte Pilger und Kreuzfahrer auf dem Weg ins Gelobte Land Aufnahme fanden.

Doch ganz und gar dominiert wird der Platz von der vis-à-vis befindlichen, von 1715 bis 1729 erbauten **Chiesa dei Gesuiti Santa Maria Assunta** 7 mit ihrer barocken Fassade, an der die Skulpturen der hl. Apostel zu erkennen sind. Im Inneren zieren Intarsienarbeiten aus grün-weißem Marmor die Wände, während das vergoldete Deckengewölbe feinste Stuckarbeiten aufweist. Zu den bedeutendsten Kunstwerken zählt Tizians dramatisches Nachtstück »Martyrium des heiligen Laurentius« (1548–1559), das man links in der Seitenkapelle sieht. Der Kirchenbau markiert zugleich das Ende der Verbannung der Jesuiten aus der Stadt, die sich im Konflikt zwischen Dogenrepublik und Rom auf die Seite der Päpste geschlagen hatten (tgl. 10–12, 15.30–17.30 Uhr, Eintritt frei). In wenigen Schritten sind die **Fondamente Nove** erreicht, die aus dem 16. Jh. stammende Uferbefestigung, von wo die Vaporetti nach San Michele etc. starten.

Touren im Anschluss: 27, 28, 29, 30

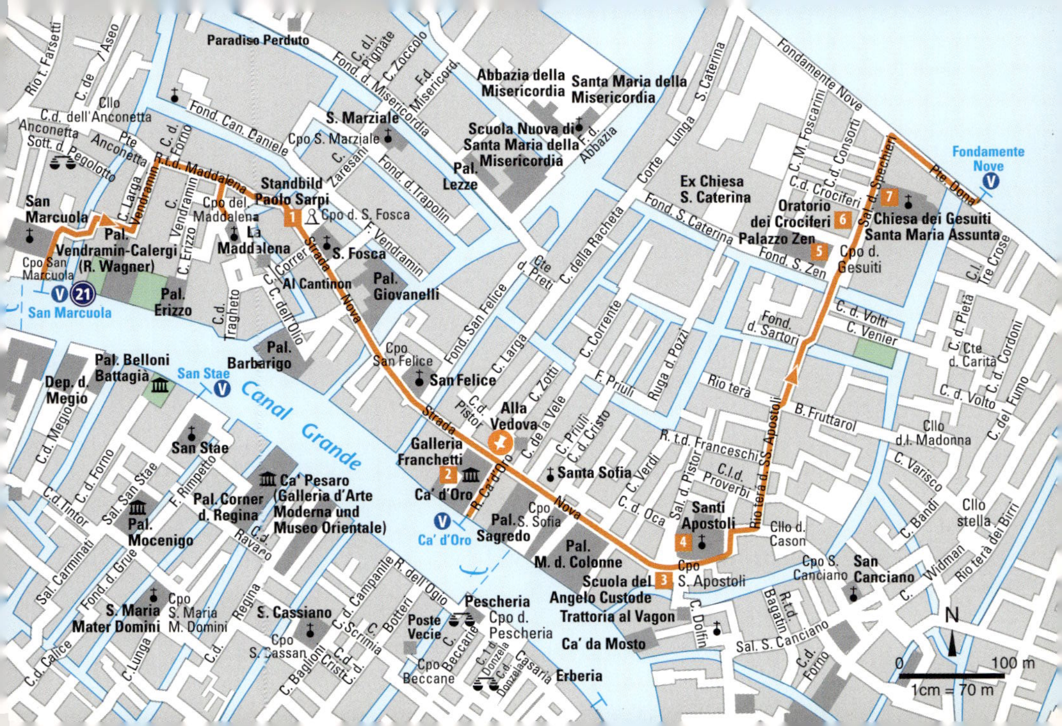

Paradiso Perduto
Abbazia della Misericordia
Santa Maria della Misericordia
Scuola Nuova di Santa Maria della Misericordia
S. Marziale
Cpo S. Marziale
Pal. Lezze
Ex Chiesa S. Caterina
Oratorio dei Crociferi
Palazzo Zen
Chiesa dei Gesuiti Santa Maria Assunta
Fondamente Nove
Fondamente Nove
Pte. Donà
Standbild Paolo Sarpi
Cpo d. S. Fosca
S. Fosca
Cpo del. Maddalena
La Maddalena
San Marcuola
Pal. Vendramin-Calergi (R. Wagner)
Cpo San Marcuola
San Marcuola
Pal. Erizzo
Al Cantinon
Pal. Giovanelli
Strada Nova
Pal. Barbarigo
Cpo San Felice
San Felice
Alla Vedova
Galleria Franchetti
Ca' d'Oro
Ca' d'Oro
Santa Sofia
Cpo S. Sofia
Pal. Sagredo
Pal. M. d. Colonne
Santi Apostoli
Cpo S. Apostoli
Scuola del Angelo Custode
Trattoria al Vagon
Ca' da Mosto
Erberia
Pescheria
Cpo d. Pescheria
Poste Vecie
Cpo Beccane
Canal Grande
Pal. Belloni Battagià
San Stae
Dep. d. Megio
San Stae
Ca' Pesaro (Galleria d'Arte Moderna und Museo Orientale)
Pal. Corner d. Regina
Pal. Mocenigo
S. Maria Mater Domini
Cpo S. Maria M. Domini
S. Cassiano
Cpo S. Cassan
San Canciano
Cpo S. Canciano
Rio terà d. SS. Apostoli
Rio terà
B. Fruttarol
C. d. Volti
C. Venier
Fond. d. Sartori
Cpo d. Gesuiti
Fond. S. Zen
Fond. S. Caterina
Corte Lunga
S. Caterina
C. della Racheta
Cte d. Preti
Fond. San Felice
C. Larga
C. Zotti
C. de la Vele
C. Corrente
Ruga d. Pozzi
F. Priuli
C. Priuli
C. d. Cristo
C. Verdi
C. d. Oca
Sal. d. Pistor
R. t.d. Franceschi
C.l.d. Proverbi
Cllo d. Cason
Cllo d.l. Madonna
C. Varisco
C. Bandi
Cllo stella
Rio terà dei Birri
C. Widman
C. d. Volto
C. del Fumo
C. d. Cordoni
Cte d. Carità
C. d. Pietà
C.l. Tre Crose
C.M. Foscarini
C.d. Consorti
C.d. Crociferi
Sal. d. Spechieri
R. Ca' d'Oro
Rio t. Farsetti
C. de l'Aseo
Cllo
C.d. dell'Anconetta
Anconetta
Pte Anconetta
Sott. d. Pegolotto
C. d. Forno
R.t.d. Maddalena
C. Larga
Vendramin
C. Vendramin
C. Erizzo
Fond. Can. Daniele
Fond. d. Misericordia
C. d.l. Pignate
C. Zoccolo
F.d. Misericord.
C. Zaresani
Fond. d. Trapolin
F. Vendramin
C. Correr
C. dell'Olio
C.d. Tragheto
C.d. Pistor
C.d. Megio
C. d. Forno
C.d. Tintor
Sal. San Stae
F. Rimpetto
C. Ravano
Sal. Carminati
Fond. d. Grue
Regina
C.d. Calice
C.Lunga
C.d.
C. Baglioni
C. d. Cristi
C. Scrimia
C. Botteri
C. d. Campanile
R. dell'Ogio
C. Beccarie
C. t. d. Donzela
C.d. Donzela
Casaria
C. Dolfin
R.t.d. Bagatin
Sal. S. Canciano
C.d. Forno
N
0
100 m
1cm = 70 m

Tour 22

Die Heimat Marco Polos

Campo S.S. Apostoli › Santa Maria dei Miracoli › Basilica dei Santi Giovanni e Paolo › Scuola Grande di San Marco › Corte Prima del Milion › Teatro Malibran

Start: Ⓥ **Ca' d'Oro (1, N)**
Ziel: Ⓥ **Rialto (1, 2, N)**
Wann: **jederzeit, im Sommer ebenso wie in den Wintermonaten**
Distanz: **2 km**

Er war der erste Europäer, der sich ins ferne Asien aufmachte: der Venezianer Marco Polo (1254–1324). Seine Kindheit verbrachte er in den verwinkelten Gassen nordöstlich des Ponte Rialto, wo heute reiche Kunstschätze in Kirchen und ein berühmtes Opernhaus Freunde von Kunst und Kultur anlocken.

Santa Maria Nuova

Über die lebhafte Strada Nova läuft man direkt auf den **Campo Santi Apostoli** zu. Unweit von hier beginnt ein Gewirr enger Gassen und Brücken, die wunderschöne Fotomotive bieten. Wer die Brücke über den Rio dei Santi Apostoli überquert, stößt zuerst linker Hand auf die kleine, 864 von Einwanderern aus Aquileia gegründete Kirche **San Canciano** 1, die drei Märtyrergeschwistern geweiht ist. Bevor man Richtung Campo Santa Maria Nuova weitergeht, lohnt ein Blick nach rechts auf den **Palazzo Bembo e Boldù** 2 am Campiello di Santa Maria Nuova und seinem Brunnen. An der Fassade gibt eine

Skulptur aus dem 16. Jh. Anlass zum Rätseln: Einige deuten sie als Saturn, der eine Sonnenscheibe in der Hand hält, bzw. als Chronos, den Gott der Zeit. Auf dem **Campo Santa Maria Nuova** kann man von dem Café an der Brücke den herrlichen Blick auf die Kirche **Santa Maria dei Miracoli** 3 (Choruskirche) und die Gondeln genießen, die hier geräuschlos durch die gewundenen Kanäle gleiten. Als Pietro Lombardo beauftragt wurde, an dieser Stelle für ein wundertätiges Madonnenbild ein Gotteshaus zu errichten, stand ihm nur ein sehr kleines Grundstück zur Verfügung. Doch die einschiffige Kirche mit Tonnengewölbe, markanter Kuppel und mehrfarbiger Marmorverkleidung, die zwischen 1481 und 1489 hier entstand, zählt zu den schönsten der Stadt. Zwar umgibt kein großer Platz dieses Juwel der Frührenaissance, dafür kann man die Kirche in »Insellage« von allen Seiten aus betrachten, was für Venedig eher ungewöhnlich ist.

Santa Maria dei Miracoli

Vom Kirchenportal läuft man zurück zum Campo Santa Maria Nuova, folgt rechts der Fondamenta Piovan und erblickt schon von Weitem die hohe Backsteinfront der **Basilica dei Santi Giovanni e Paolo** 4. Der weitläufige Platz wird zugleich dominiert von der prachtvollen Fassade der ehemaligen **Scuola Grande di San Marco** 5. Beim Blick zurück von der nun folgenden Brücke erkennt man in der Ferne die Toteninsel San Michele. Wieder zurück an der Kirche San Miracoli, überquert man den Rio dei Miracoli, nimmt danach die dritte Gasse links (S. San

MAL PAUSE MACHEN

Holen Sie sich am Campo Santi Giovanni e Paolo bei **Rosa Salva** ein Eis und genießen Sie dabei den malerischen Campo mit der ehemaligen Scuola Grande di San Marco.

Canzian) und nähert sich langsam wieder dem Canal Grande. Am Ende geht es links direkt auf die im dicht besiedelten Rialto-Viertel liegende Renaissancekirche **San Giovanni Crisostomo** 6 zu. Ursprünglich aus dem 9. Jh. stammend, wurde die Kirche nach einer verheerenden Feuersbrunst, die weite Teile des Rialto-Viertels in Schutt und Asche gelegt hatte, ab 1495 wieder aufgebaut. Den Auftrag dazu erhielt Mauro Condussi (tgl. 8.15–12.15, 15–19 Uhr).

Es folgt rechts die **Corte Prima del Milion** 7, wo sich einst das Wohnhaus Marco Polos (1254–1324) befand. Der aus einer venezianischen Kaufmannsfamilie stammende Abenteurer war der erste Europäer, der aufbrach, um das ferne Asien zu erkunden. Seine Reisen führten ihn u.a. nach China, Persien, Afghanistan, Ceylon, Sumatra und an die Küste Indiens. Bis heute ist der Wahrheitsgehalt seiner Reisebeschreibungen jedoch umstritten. Nette Lokale laden im Corte del Milion zur Rast ein, darunter die **Osteria Il Milion** (Mi geschl.). In unmittelbarer Nähe liegt auch das berühmte **Teatro Malibran** 8 (Campiello Malibran 5873, Tel. 0 41 24 24), eines der ältesten Theater Venedigs. Der Komödiendichter Carlo Goldoni hat hier zeitweise gearbeitet. Nach dem letzten Brand im berühmten Teatro La Fenice diente das Malibran lange Zeit als Ausweichquartier, bis heute wird die Bühne vom Ensemble des Teatro La Fenice genutzt. In herrlich ruhiger Umgebung kann man im **Hotel Restaurant Malibran** (Corte del Teatro Malibran, €€) essen, bevor man das Tourende an der Rialtobrücke erreicht.

Restaurant Malibran

Touren im Anschluss: 6, 7

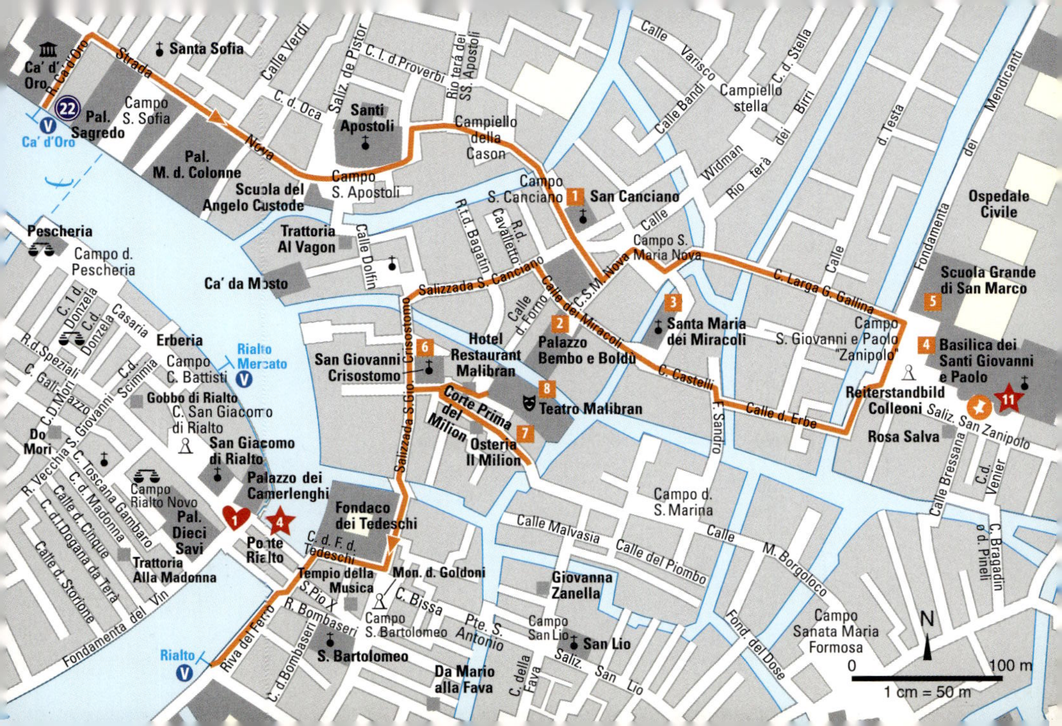

Ca' d'Oro
R. Ca' d'Oro
22
Pal. Sagredo
Ca' d'Oro
Strada Nova
Santa Sofia
Campo S. Sofia
Pal. M. d. Colonne
Scuola del Angelo Custode
Calle Verdi
C. d. Oca
Saliz. de Pistor
C. I. d.Proverbi
Rio terà dei SS. Apostoli
Santi Apostoli
Campo S. Apostoli
Campiello della Cason
Campo S. Canciano
1
San Canciano
Calle Varisco
Calle Bandi
Campiello stella
C. d. Stella
Rio terà dei Birri
Widman
Calle
Campo S. Maria Nova
C.S.M. Nova
d. Testa
Fondamenta dei Mendicanti
Ospedale Civile
Scuola Grande di San Marco
5
Calle
C. Larga G. Gallina
Campo S. Giovanni e Paolo "Zanipolo"
4
Basilica dei Santi Giovanni e Paolo
11
Reiterstandbild Colleoni
Saliz. San Zanipolo
Rosa Salva
Calle Bressana
C.d. Venier
C. Bragadin o d. Pineli
Pescheria
Campo d. Pescheria
Trattoria Al Vagon
Calle Dolfin
Ca' da Mosto
R.t.d. Bagatin
R.d. Cavalletto
Salizzada S. Canciano
Calle d. Forno
Calle dei Miracoli
2
Palazzo Bembo e Boldù
3
Santa Maria dei Miracoli
C. Castelli
F. Sandro
Calle d. Erbe
C. I. d. Donzela
C.d. Donzela
Casaria
Erberia
R.d.Speziali
C. Galli-azzo
C.D.Mori
S. Giovanni
C.d. Scimmia
Campo C. Battisti
Rialto Mercato
Gobbo di Rialto
C. San Giacomo di Rialto
Do Mori
San Giacomo di Rialto
R. Vecchia S.
C. Toscana Gambaro
C. d. Madonna
Calle d. Cinque
C. d.I.Dogana da Terà
Calle d. Storione
Fondamenta del Vin
Campo Rialto Novo
Pal. Dieci Savi
Trattoria Alla Madonna
1
4
Palazzo dei Camerlenghi
Ponte Rialto
San Giovanni Crisostomo
6
Salizzada S.Gio. Crisostomo
Hotel Restaurant Malibran
8
Teatro Malibran
Corte Prima del Milion
7
Osteria Il Milion
Fondaco dei Tedeschi
C. d. F. d. Tedeschi
Tempio della Musica
Mon. d. Goldoni
S.Pio X
C. Bissa
R. Bombaseri
C. d.Bombaseri
Campo S. Bartolomeo
S. Bartolomeo
Pte. S. Antonio
Riva del Ferro
Rialto
Campo d. S. Marina
Calle Malvasia
Calle del Piombo
Calle M. Borgoloco
Giovanna Zanella
Campo San Lio
San Lio
Saliz. San Lio
C. della Fava
Da Mario alla Fava
Fond. del Dose
Campo Sanata Maria Formosa
N
0
100 m
1 cm = 50 m

Tour 23

Vom San Marco-Becken zur Grablege der Dogen

Riva degli Schiavoni › Santa Maria della Pietà › Palazzo Grimani › Fondazione Querini Stampalia › Scuola Grande di San Marco › Basilica dei Santi Giovanni e Paolo

Start: Ⓥ San Zaccaria (1, 2, 4.1, 4.2, 5.1, 5.2, 7, 14, 15, 19, 20, N)
Ziel: Ⓥ Ospedale Civile (4.1, 4.2, 5.1, 5.2, 22)
Wann: immer, beachten Sie jedoch die Öffnungszeiten der Basilica dei Santi Giovanni e Paolo
Distanz: 2,5 km

Auch wenn man sich von der Riva degli Schiavoni kaum trennen mag: Der Weg durchs griechische Viertel über den Campo Santa Maria Formosa bis »Zanipolo« lohnt auf jeden Fall. Bedeutende Kirchen, ein sehenswertes Museum und als Krönung die Grablege zahlreicher Dogen machen diese Tour für Kulturfreunde zum Genuss!

Seufzerbrücke

Der Spaziergang durch Castello, das größte Sestiere Venedigs, beginnt an der belebten Uferpromenade **Riva degli Schiavoni,** die gesäumt ist von herrlichen Palazzi, in denen nun z.T. hyperteure Hotels untergebracht sind. Kein Wunder bei der Lage und bei dem Blick über das San Marco-Becken. Wer ein paar Schritte Richtung Markusplatz geht, blickt auf die **Prigioni** (Gefängnisse), die durch die **Seufzerbrücke** mit dem Dogenpalast verbunden waren. Vorbei am Palazzo Dandolo mit dem altehrwürdigen Hotel Danieli, über zwei Brücken hinweg, erblickt man linker Hand **Santa Maria della Pietà** 1 (Di–Do 10.15–12, 15–17 Uhr). Die Kirche gehörte zu einem Waisenhaus, dem ein Mädchenkonservatorium angeschlossen war. In diesem Konservatorium unterrichtete von 1703 bis 1741 Antonio Vivaldi, der berühmte Komponist (»Die vier Jahreszeiten«), der 1678 in Venedig als Sohn eines Violinisten geboren wurde. In der Kirche sind häufig Vivaldi-Konzerte zu hören.

Es schließt sich das »griechische Viertel« Venedigs an. Nach dem Ende des Byzantinischen Reiches strömten zahlreiche Griechen nach Venedig. Heute hat die Griechisch-Orthodoxe Gemeinde nur noch 200 Mitglieder. Noch vor der Brücke über den Rio dei Greci geht es links zur Kirche **San Giorgio dei Greci** 2 mit ihrem auffallend schiefen Glockenturm. Hier befindet sich auch der Eingang zum **Museo del Istituto Ellenico** 3 (tgl. 9–17 Uhr), einem der schönsten Ikonenmuseen Europas.

MAL PAUSE MACHEN

Im Sommer ist der schattige Kirchplatz von **San Giorgio dei Greci** ein wunderbarer Ort, um sich vom Trubel in den angrenzenden Gassen zu erholen.

Am Fondamenta dell'Osmarin lohnt ein Blick ins **Ca' del Sol** (s. Shopping, S. 141), wo wunderbare Masken gefertigt werden. Auf dem Weg zum Campo Santa Maria Formosa liegt rechts der **Palazzo Grimani** 4, einer der schönsten Paläste Venedigs, in dem hochkarätige Wechselausstellungen stattfinden (Mo 8.15 bis 14, Di–So 8.15–19.15 Uhr).

Der hübsche **Campo Santa Maria Formosa** wird von der Kirche **Santa Maria Formosa** (Choruskirche) 5 beherrscht, die auf das 7. Jh. zurückgeht. Im Erdgeschoss eines Renaissancepalasts zeigt die **Fondazione Querini Stampalia** 6 in Wechselausstellungen moderne Kunst, während im Obergeschoss venezianische Malerei des 14. bis 18. Jhs. präsentiert wird. Einige der Werke, die das Leben des städtischen Adels und des gemeinen

Volkes abbilden, lassen einen schmunzeln (Di–So 10–18 Uhr, manchmal Konzerte, 17 Uhr). Unweit des Campo lädt eine nette Osteria, das **Alle Testiere** (s. Restaurants, S. 138), zu einer wohlverdienten Rast ein.

Der Weg vom Campo Santa Maria Formosa zur berühmten Basilica dei Santi Giovanni e Paolo führt durch ein ehemaliges Handwerkerviertel, während an der Calle Tetta seinerzeit das älteste Gewerbe der Welt ausgeübt wurde. Über die Salizzada S. Zanipolo nähert man sich einem der schönsten Plätze Venedigs: dem **Campo Santi Giovanni e Paolo.** Andrea Verrocchios berühmtes **Reiterstandbild** aus dem Jahre 1496 erinnert an **Bartolomeo Colleoni** 7, einen Söldnerführer, der der Republik einen beträchtlichen Teil seines aus Raubzügen stammenden Vermögens hinterließ. Größter Blickfang am Platz ist allerdings die Fassade der **Scuola Grande di San Marco** 8 mit ihren illusionistischen Perspektiven. In der einstigen *scuola* der Goldschmiede und Seidenhändler ist heute das Städtische Krankenhaus untergebracht. Direkt daneben steht mit der **Basilica dei Santi Giovanni e Paolo** 9 11 eine der beeindruckendsten Kirchen Venedigs. In »San Zanipolo«, wie die Venezianer sie auch nennen, wurden 25 Dogen beigesetzt sowie Admiräle, Bischöfe und Künstler. Die im Stil der Bettelordengotik erbaute Kirche nimmt allein schon durch ihre Raumgröße gefangen (Mo–Sa 9–18, So 12–18 Uhr).

Santi Giovanni e Paolo

Anschließend sind die verführerischen *dolci* der **Pasticceria Rosa Salva** (s. Restaurants, S. 138) eine Sünde wert.

Touren im Anschluss: 27, 28, 29, 30

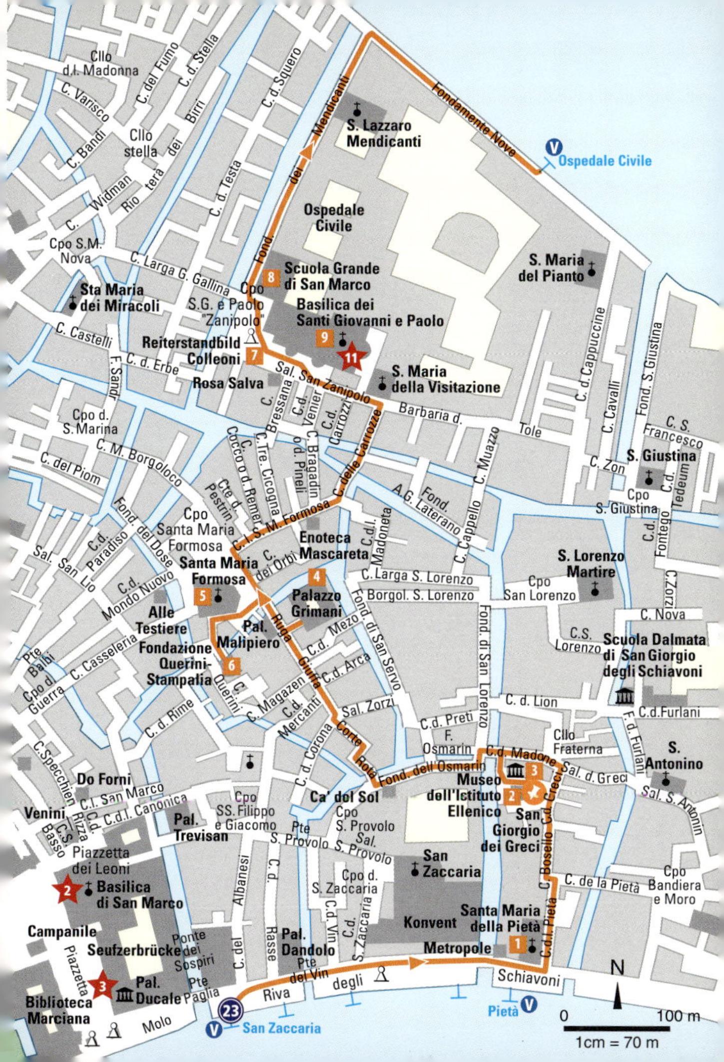
Cllo d.l. Madonna
C. del Fumo
C. d. Stella
C. Varisco
C. d. Squero
C. Bandi
Cllo stella
Birri
dei
Rio tera
C. Widman
C. d. Testa
Fond. dei Mendicanti
S. Lazzaro Mendicanti
Fondamente Nove
Ospedale Civile
Ospedale Civile
Cpo S.M. Nova
C. Larga G. Gallina
Scuola Grande di San Marco
8
Cpo S.G. e Paolo "Zanipolo"
S. Maria del Pianto
Sta Maria dei Miracoli
Basilica dei Santi Giovanni e Paolo
9
11
C. Castelli
Reiterstandbild Colleoni
7
C. d. Erbe
F. Sandr
Rosa Salva
Sal. San Zanipolo
S. Maria della Visitazione
C. d. Cappuccine
C. Cavalli
Fond. S. Giustina
Barbaria d. Tole
Cpo d. S. Marina
C. Bressana
C.d. Venier
C.d. Carrozzi
C. delle Carrozze
C. S. Francesco
C. M. Borgoloco
C. del Piom
C. Cocco o d. Remer
C. Tre. Cicogna
C. Bragadin o d. Pinelli
C. Muazzo
S. Giustina
C. Zon
C.d. Tedeum
Cpo S. Giustina
Cte d. Pestrin
Fond. A.G. Laterano
C. Cappello
C.d. Fontego
Cpo Santa Maria Formosa
C. l. S. M. Formosa
C.d.l. Madoneta
Fond. del Dose
C.d. Paradiso
Enoteca Mascareta
S. Lorenzo Martire
Sal. San Lio
Santa Maria Formosa
C. dei Orbi
4
C. Larga S. Lorenzo
Cpo San Lorenzo
C. Zorzi
C.d. Mondo Nuovo
5
Palazzo Grimani
Borgol. S. Lorenzo
Alle Testiere
Fond. di San Servo
Fond. di San Lorenzo
C. Nova
Pal. Malipiero
Ruga Giuffa
C.d. Mezo
C.S. Lorenzo
Scuola Dalmata di San Giorgio degli Schiavoni
Fondazione Querini-Stampalia
6
C. Casseleria
Pte Balbi
Cpo d. Guerra
C.d. Arca
C. Querini
C. Magazen
C.d. Mercanti
C. d. Lion
C.d. Furlani
C. d. Rime
Sal. Zorzi
C.d. Preti
F. Osmarin
Cllo Fraterna
F. d. Furlani
C.Specchieri
C. d. Corona
Corte Rota
Fond. dell'Osmarin
C.d. Madone
3
Sal. d. Greci
S. Antonino
Do Forni
Museo dell'Ictituto Ellenico
2
Sal. S. Antonin
C.l. San Marco
C.d.l. Canonica
Cpo SS. Filippo e Giacomo
Ca' del Sol
Venini
C. Rizza
C.d.
C.S. Basso
Pal. Trevisan
Cpo S. Provolo
San Giorgio dei Greci
C. Bosello
C.d. Greci
Pte S. Provolo
Sal. S. Provolo
Piazzetta dei Leoni
San Zaccaria
C. de la Pietà
Cpo Bandiera e Moro
2
Basilica di San Marco
Albanesi
C.d. Rasse
Cpo d. S. Zaccaria
C.d. Vin
C.d. S. Zaccaria
Santa Maria della Pietà
Konvent
C.d.l. Pietà
Campanile
Ponte dei Sospiri
Pal. Dandolo
Metropole
1
Seufzerbrücke
Pte del Vin
C. del
Piazzetta
3
Pal. Ducale
Pte Paglia
Riva degli Schiavoni
N
Biblioteca Marciana
23
Pietà
Molo
San Zaccaria
0
100 m
1cm = 70 m

Tour 24

Von der Riva degli Schiavoni zum Arsenale

Riva degli Schiavoni › San Zaccaria › Scuola Dalmata di San Giorgio degli Schiavoni › San Francesco della Vigna › Arsenale › Museo Storico Navale

Start: Ⓥ **San Zaccaria (1, 2, 4.1, 4.2, 5.1, 5.2, 7, 14, 15, 19, 20, N)**
Ziel: Ⓥ **Arsenale (1, 4.1, 4.2)**
Wann: **immer, beachten Sie jedoch die Öffnungszeiten des Museo Storico Navale (Mo–Sa vormittags)**
Distanz: **3 km**

Durch z. T. menschenleere Gassen nähert man sich dem Arsenale, der riesigen Werft, in der zu Zeiten der Serenissima die venezianischen Handels- und Kriegsschiffe gebaut wurden. Für Besucher ist die Anlage nur während der Biennale zugänglich. Über Venedigs Seefahrertradition informiert das nahe Schifffahrtsmuseum.

Die **Riva degli Schiavoni,** das »Ufer der Slawonen«, ist eine der reizvollsten und beliebtesten Flaniermeilen Venedigs. Ein Kontrastprogramm zum hier herrschenden Trubel bildet der stille Teil Castellos, der ans Arsenale grenzt und ein typisches Arbeiterviertel geblieben ist.

Hinter dem Ponte del Vin führt der übernächste Abzweig zum ruhigen **Campo San Zaccaria.** Die Kirche **San Zaccaria** **1**, die ursprünglich aus dem 9. Jh. stammt, birgt eine Fülle bedeutender Kunstwerke, darunter ein Gemälde Giovanni Bellinis sowie Tintorettos »Geburt Johannes des Täufers«. Manchmal wird die Besichtigung durch leise Orgelmusik untermalt (tgl. 10–12,

16–18, Fei 16–18 Uhr). Die Kirche gehört zu einem ehemaligen Benediktinerinnenkloster, das sich unmittelbar rechts anschließt. In diesem großen **Konvent** 2 fanden einst die unverheirateten Töchter betuchter Venezianer Aufnahme. Doch sittsam und streng ging es hier keineswegs zu, im Gegenteil: Berichte von rauschenden Festen und Männerbesuchen machten in Venedig rasch die Runde. Unter Napoleon wurde der Komplex als Kaserne genutzt, heute sorgen die Carabinieri von hier aus für Ordnung.

San Zaccaria

Wieder zurück auf der belebten Riva degli Schiavoni, biegt man hinter der Kirche **Santa Maria della Pietà** 3 links ab und erreicht so den stillen **Campo Bandiera e Moro.** In seinem Osten erhebt sich die Kirche **San Giovanni in Bragora** 4, die in ihrer heutigen Form aus dem 15. Jh. stammt. Im linken Seitenschiff ist das Becken zu sehen, in dem Antonio Vivaldi getauft wurde (Mo–Sa 9–11, 15.30–17, So 9.30–12 Uhr). Nächster Stopp ist die **Scuola Dalmata di San Giorgio degli Schiavoni** 5, die einstige *scuola* der aus Dalmatien stammenden Händler. Hochkarätige Kunstwerke, darunter ein Gemäldezyklus von Vittore Carpaccio, machen sie zu einem der bedeutendsten Museen der Stadt (Mo 14.45–18, Di–Sa 9.15–13, 14.45–18, So, Fei 9.15–13 Uhr).

Sc. Dalmata di S. Giorgio

Im Zickzackkurs geht es durch eine ruhigere Gegend weiter, bis man die mächtige Kirche **San Francesco della Vigna** 6 erreicht hat (tgl. 8–12.30, 15–19 Uhr, Eintritt frei). Der Name erinnert an einen Weingar-

Aus der Hitze in die kühle Kirche **San Franceso della Vigna** – hier verweilt man gern und nimmt bei leiser Musik die ruhige Atmosphäre des Gotteshauses auf.

MAL PAUSE MACHEN

ten (ital. *vigna*), der sich einst hier befand und den Franziskanern vermacht wurde. Ursprünglich stand hier ein dem hl. Markus geweihtes Kirchlein. Denn der Legende nach erschien dem Evangelisten, der auf seinem Weg von Aquileia nach Rom Schiffbruch erlitten hatte und auf einer Laguneninsel gestrandet war, an dieser Stelle ein Engel, der die Worte sprach: »Pax tibi, Marce« (»Friede sei mit dir, Markus«).

Alltagsatmosphäre vermittelt das nächste Wegstück, bis man die riesige Mauer des Arsenale erblickt. Rechts vor einem liegt die Kirche **San Martino** 7 (Mo–Sa 8.45–11.45, 16.30–19, So 8–12 Uhr). Kostbare Schätze birgt sie nicht, Beachtung verdient aber der als Löwenmaul gestaltete Denunziationsbriefkasten.

Nur ein paar Schritte trennen einen nun vom bis heute streng bewachten Eingang zum **Arsenale** 8, der großen Schiffswerft der Seerepublik. Am geflügelten Löwen und der Justizia kommt niemand vorbei, denn das Arsenale, wo einst 16 000 Arbeiter beschäftigt waren und rund 200 Schiffe im Jahr vom Stapel liefen, ist heute militärisches Sperrgebiet und nur zu Biennale-Zeiten öffentlich zugänglich. Von der **Trattoria Da Paolo** (Mo geschl.) hat man einen herrlichen Blick auf den Eingangsbereich des Arsenale. Über den Schiffsbau im Arsenale und Venedigs Geschichte als Seerepublik informiert das **Museo Storico Navale** 9 6, dessen Eingang zwei riesige Anker markieren (Mo–Fr 8.45–13.30, Sa bis 13 Uhr).

Eingangsbereich des Arsenale

Touren im Anschluss: 10, 25, 26

Arsenale
Darsena Arsenale Vecchio
San Marco-Becken
Basilica di San Marco
Seufzer-brücke
Ponte dei Sospiri
Pal. Ducale
Pte Paglia
Molo
San Zaccaria
Riva degli Schiavoni
Pietà
Arsenale
Riva d. Ca' di Dio
Museo Storico Navale
Teatro
Fond. de Fronte l'Arsenal
Rio dell'Arsenale
Trattoria Da Paolo
Cpo d. Arsenale
Torri dell'Arsenale
San Martino
C. d. l'Arsenale
F. Penini
San Giovanni in Bragora
Santa Maria della Pietà
Metropole
Konvent
San Zaccaria
Pal. Dandolo
Pal. Trevisan
Cpo SS. Filippo e Giacomo
Ca' del Sol
Museo dell'Istituto Ellenico
San Giorgio dei Greci
S. Antonino
Scuola Dalmata di San Giorgio degli Schiavoni
S. Lorenzo Martire
S. Giustina
San Francesco della Vigna
Cpo d. Confraternità
Santa Maria Formosa
Cpo Santa Maria Formosa
Pal. Grimani
Pal. Malipiero
Fondazione Querini-Stampalia
Alle Testiere
C. d. Mondo Nuovo
Fond. del Dose
Cte d. Pestrin
C. l. S. M. Formosa
C. dei Orbi
Ruga Giuffa
C. d. Mezo
C. d. Arca
C. Magazen
C. Querini
C. d. Mercanti
C. d. Rime
C. d. Corona
Ccrte Rota
Sal. Zorzi
Fond. di San Servo
C. d. l. Madoneta
A.G. Laterano Fond.
C. Cappello
C. Larga S. Lorenzo
Borgol. S. Lorenzo
Fond. di San Lorenzo
Cpo San Lorenzo
C. S. Lorenzo
C. Nova
C. d. Lion
C. d. Preti
F. Osmarin
Fond. dell'Osmarin
C. d. Madone
Cllo Fraterna
Sal. d. Greci
C. d. Greci
C. Bosello
C. d. l. Pietà
C. de la Pietà
Cpo Bandiera e Moro
C. Crosera
C. d. Pestrin
C. Gritti
C. Erizzo
C. d. Dose
Cllo d. Piovan
C. d. Forno
C. d. Cagnoletto
Ramo Pegola
C. d. Pegola
C. Larga
C. del Forni
Cpo del. Tana
R. della Tana
Cpo d. Gorne
Cllo due Pozzi
C. Magno
C. Donà
Cpo S. Ternita
F. d. Cristo
Cpo d. Celestia
C. d. Cimitero
Sal. S. Francesco
C. dell'Olio
C. dei Scudi
Pisc. S. Martin
Sal. d. Pigna
C. d. Arco
Sal. S. Antonin
F. d. Furlani
C. d. Furlani
C. d. Gate
R. S. Francesco
Sal. S. Giustina
C. Zorzi
C. d. Fontego
C. d. Tedeum
Cpo S. Giustina
C. d. Vin
Cpo d. S. Zaccaria
C. d. S. Zaccaria
Pte del Vin
C. d. Rasse
C. del Albanesi
Cpo S. Provolo
Sal. S. Provolo
Pte S. Provolo
C. d. l. Canonica
N
0
100 m
1cm = 70 m

Tour 25

Zur Isola di San Pietro

Via Garibaldi › Garibaldi-Denkmal › Isola di San Pietro › San Francesco di Paolo › San Pietro di Castello › Via Garibaldi

Start: Ⓥ Giardini (1, 2, 4.1, 4.2, 5.1, 5.2, 6)
Ziel: Ⓥ Giardini (1, 2, 4.1, 4.2, 5.1, 5.2, 6)
Wann: am besten an regenfreien Tagen
Distanz: 3 km

Wäsche flattert im Wind, Kinder spielen auf der Via Garibaldi – der Trubel von San Marco scheint Lichtjahre entfernt. Im klassischen Arbeiterviertel locken keine kulturellen Highlights, dafür venezianisches Alltagsleben. Der Spaziergang führt auf die stille Insel San Pietro und durch ein typisches Wohnviertel der Stadt.

Via Garibaldi

Wer sich vom Rummel um San Marco bzw. einer anstrengenden Besichtigungstour erholen möchte, dem sei dieser ganz und gar erholsame Bummel empfohlen, bei dem man zugleich eintaucht in typisch venezianisches Alltagsleben.

Von der Riva dei Sette Martiri zweigt vor der Brücke nach rechts die breite **Via Garibaldi** 1 ab, ein zugeschütteter ehemaliger Kanal. Restaurants, Cafés, Eisdielen und Gemüsegeschäfte säumen die schnurgerade verlaufende »Straße«. Hier treffen sich die Venezianer bereits am Morgen auf ein Schwätzchen, Kinder flitzen auf ihren Rädchen umher, junge Mütter sind mit Buggys in Richtung Giardini Pubblici unterwegs. Links zweigen kleine Gässchen ab, wo man je nach Lust und Laune selbst auf

Entdeckungstour gehen kann. Die Dichte an Kunsthandwerksgeschäften ist hier längst nicht so groß wie anderswo. Wer aber z. B. mit Mosaiken besetzte Spiegel, Gefäße aus Muranoglas o. Ä. sucht, der sollte bei **Alice in Wonderland** (Via Garibaldi 1639, www.alicefinearts.com, Mo–Sa 10–19.30 Uhr) vorbeischauen, wo wunderschöne handgefertigte Stücke angeboten werden.

Alice in Wonderland

Kurz bevor die Via Garibaldi wieder in einen Kanal übergeht, liegt linker Hand die Kirche **San Francesco di Paolo** 2. Die einschiffige, mit Deckengemälden aus dem 16. Jh. verzierte Kirche weist elf Altäre auf (tgl. 8–12, 16–19 Uhr). Anschließend passiert man das unübersehbare **Garibaldi-Denkmal** 3. Giuseppe Garibaldi (1807–1882) war ein Vorkämpfer des Risorgimento, jener Einheitsbewegung, die nach dem Wiener Kongress, genauer gesagt zwischen 1815 und 1870, bestrebt war, die einzelnen Fürstentümer und Regionen der Apenninhalbinsel zu einem Nationalstaat zu vereinen.

Kurz dahinter teilt sich der Weg, man läuft nun an der rechten Seite des Kanals bis zur Brücke, von der aus man einen Blick auf einige Bootswerften werfen kann, und die einen auf die **Isola di San Pietro** bringt. Hierher verirren sich nur wenige Touristen. Wer Muße hat, bummelt über die friedliche Insel, auf der sich venezianische »Plattenbauten« mit kleinen Häuschen samt Minigemüsegärten abwechseln. Dabei war San Pietro nicht immer so unbedeutend wie heute. Neben Rialto zählte Olivolo, wie die Insel einst hieß, in Reminiszenz an die einst zahlreichen Ölbäume, zu den frühesten Siedlungen in der Lagune. Vom 7. Jh. bis 1807 war San Pietro zudem Bischofssitz, was die imposante Kir-

San Pietro di Castello

che **San Pietro di Castello** 4 (Choruskirche) mit ihrer aus dem 17. Jh. stammenden Fassade erklärt, die von einem Palladio-Schüler geschaffen wurde (ein kurzer Blick in den Innenhof mit Arkadengang lohnt). An dieser Stelle befand sich einst ein Kastell, das dem Stadtviertel Castello seinen Namen gab. Wer meint, Venedigs berühmte Basilica di San Marco sei von jeher die offizielle Kathedrale der Stadt gewesen, irrt. San Marco war vielmehr Staatskirche und Hauskapelle der Dogen; hier fanden z.B. die Dogenweihe oder die Segnung der Soldaten statt, die in eine Schlacht geschickt wurden. Dass die Amtskirche San Pietro bis 1807, als Napoleon den Sitz des Patriarchen nach San Marco verlegte, hier, weitab vom Zentrum der Macht, residierte, sagt einiges über das distanzierte Verhältnis zwischen Dogenrepublik und Kirche aus. Den schönsten Blick auf die Kirche hat man von der Brücke aus, die nach Castello zurückführt. Hier bummelt man durch ein volkstümliches Wohnviertel, wo die Wäsche im Wind flattert und die Häuser vom Prunk der Palazzi an der Riva degli Schiavoni Lichtjahre entfernt zu sein scheinen.

MAL PAUSE MACHEN

Besorgen Sie sich unterwegs Proviant. Die Bänke vor der Kirche **San Pietro di Castello** sind ein guter Platz, um zum Zirpen der Zikaden ein Päuschen einzulegen und die Stille dieses Ortes zu genießen.

Am stillen Campo Ruga kann man sich in der einfachen Trattoria **Alla Nuova Speranza** mit typisch venezianischen Gerichten (für abends besser reservieren, €€) stärken, bevor man seinen Spaziergang Richtung Via Garibaldi und San-Marco-Becken fortsetzt.

Touren im Anschluss: 23, 24, 26

Torri dell'Arsenale
Castello
R. della Tana
Teatro
C.Delfina
C. Grimana
C.d. Forno
Fond.
1
Via Garibaldi
Alice in Wonderland
C. Pedrocchi
C. dei Preti
C. S. Frances
de la Tana
2
San Francesco di Paolo
Via Garibaldi
G. Garibaldi
3
C. Schiavona
C. Colonne
C. Schiavona
Riva dei Sette Martiri
Resistenza
Calle San Domenego
Viale Giuseppe Garibaldi
Caffè La Serra
C. Streta de Ca' Sarasina
C. d. Ancore
C. S. Saresin
Cte Saresin
Rio t.d. Forner
Tipici Veneziani
Fond.
Fond. Riello
Trattoria Alla Nuova Speranza
C.d. Figher
Salita
Stretta
C.d. Terco
Cpo di Ruga
C. Salomon
C. Crosera
Sant'Anna
Ex Chiesa Sant'Anna
C. Correra
C. Cattapan
Secco
Cte d. Solda
San
Giuseppe
Marina
Cte Martin Novell
Fond.
Cpo S. Giuseppe
S. Giuseppe di Castello
Giardini Pubblici
Rio terà S. Isepo
Paludo S. Antonio
C. dietro il Paludo
Riva dei Partigiani
Giardini
25
C. Larga Rosa
Canale di San Pietro
Cpo di San Pietro
4
San Pietro di Castello
Isola di San Pietro
Fond. Quintavalle
Cpo d. Pomeri
C. di Mezo
Fond. Olivolo
Rio di Quintavalle
S. Pietro
Isola di Sant'Elena
Viale 24 Maggio
Viale 24 Maggio
N
0
100 m
1cm = 70 m

Tour 26

Giardini Pubblici und Biennale-Gärten

Resistenza-Denkmal › Garibaldi-Denkmal › Giardini Pubblici › Biennale-Gärten › Isola di Sant'Elena

Start: Ⓥ Giardini (1, 2, 4.1, 4.2, 5.1, 5.2, 6)
Ziel: Ⓥ Giardini (1, 2, 4.1, 4.2, 5.1, 5.2, 6)
Wann: jederzeit, besonders schön am späten Nachmittag, wenn die Silhouette von San Giorgio Maggiore im gleißenden Sonnenlicht flimmert
Distanz: 3 km

Alle zwei Jahre strömen Hunderttausende Kunstfreunde in die Biennale-Gärten, in denen in 29 Pavillons Gegenwartskunst aus verschiedensten Ländern präsentiert wird. Doch auch zu biennalefreien Zeiten lohnt der Weg in den äußersten Osten Venedigs, wo man im Schatten alter Bäume entspannt bummeln kann und dabei eine grandiose Aussicht auf das San Marco-Becken genießt.

Wer an der Haltestelle Giardini das Vaporetto verlässt, schlendert zuerst entlang der Riva dei Sette Martiri, vorbei am **Resistenza-Denkmal** 1: einer in dramatischer Pose halb im Wasser liegenden Frau, über der unermüdlich die Wellen zusammenschlagen. Sie soll an jene Frauen erinnern, die während des Zweiten Weltkriegs im antifaschistischen Widerstand organisiert waren und furchtlos Mussolinis und Hitlers Schergen die Stirn boten.

Über die breite **Via Garibaldi** erreicht man das rechter Hand gelegene **Garibaldi-Denkmal** 2, das dem großen Freiheitskämpfer des 19. Jhs. Reverenz erweist. Hier schlendert man durch eine herrlich begrünte Passage, bei sengender Hitze im Hochsommer ist dieses kühle Plätzchen mit Bänken eine verlockende Einladung zum Verweilen. An ihrem Ende lockt linker Hand in einem Garten mit Rasenfläche das in einer Orangerie untergebrachte hübsche **Caffè La Serra** (Sa 10–24, Mo–Fr und So 10 bis 21.30 Uhr). Rasch ist man von hier wieder am Ufer, an dem im Sommer häufig Kreuzfahrtschiffe und Luxusjachten vor Anker liegen.

Giardini Pubblici

Auch in den **Giardini Pubblici** 3 laden kleine Sitzbänke zum Verweilen ein. Wer mit Kindern unterwegs ist, wird vielleicht den Spielplatz besuchen, wo die Kleinen ihrem Bewegungsdrang freien Lauf lassen können. Einen erfrischenden Blick aufs Wasser bietet das künstlerisch angehauchte **Paradiso** (€€€). Die privilegierte Lage schlägt sich allerdings in den Preisen nieder.

Schlendert man durch den Park, so stößt man auf die **Biennale-Gärten** 4. 1895 fiel der Startschuss zu dieser spektakulären Kunstschau, die seitdem alle zwei Jahre Abertausende von Besuchern nach Venedig lockt. Im Laufe der Zeit entstanden in den weitläufigen Gärten 29 Länderpavillons, in denen die jeweiligen Staaten ihre Gegenwartskunst präsentieren. Sie wurden von namhaften Architekten wie Josef Hoffmann, Gerrit Rietveld und Carlo Scarpa entworfen. Doch längst ist das Konzept der Biennale erweitert worden – nicht nur durch zusätzliche Veranstaltungsorte im historischen Stadtgebiet wie das Arsenale, sondern auch durch weitere Genres. So hat sich z. B. die Architekturbiennale etab-

MAL PAUSE MACHEN

Machen Sie es wie die Venezianer: Nehmen Sie eine Unterlage mit und breiten Sie diese auf einer Wiese in den **Giardini Pubblici** aus, besser kann man sich vom Pflastertreten nicht erholen.

Isola di Sant'Elena

liert, die alternierend an geraden Jahren stattfindet (2016, 2018 usw.), während die Kunstbiennale immer an ungeraden Jahren (2015, 2017 usw.) von Juni bis Oktober ihre Tore öffnet. Hinzugekommen sind außerdem die Tanz-, Musik-, Film- und Theaterbiennale, die bestimmt sind von experimentellen Aufführungen an spannenden und zeitgemäßen Orten. Infos, Termine etc. findet man unter www.labiennale.org. In der übrigen Zeit bleiben die Länderpavillons geschlossen, das Gelände ist für Gäste unzugänglich. Und dennoch: Auch zu ausstellungsfreier Zeit macht es Spaß, entlang der Biennale-Gärten und hinüber zur wohltuend grünen und stillen **Isola di Sant'Elena** zu bummeln, auf der sich weitere Biennale-Pavillons befinden. Einzeln stehende herrschaftliche Villen, breite Gassen, baumbestandene Plätze bilden ein reizvolles Kontrastprogramm zum ansonsten von Stein und Wasser dominierten Venedig. An manchen Stellen genießt man einen wunderbaren Blick auf das San Marco-Becken, z. B. am Campo Marco Stringari. Hier kann man in die **Osteria Dal Pampo** (€€) einkehren.

Isola San Lazzaro

Zurück am Wasser, erkennt man in der Ferne den Lido und die **Isola San Lazzaro degli Armeni,** eine Klosterinsel, die nur im Rahmen von Führungen zu besichtigen ist (Infos zu Terminen in der Touristeninformation, s. S. 151).

Touren im Anschluss: 23, 24, 25

S. Biagio
C. Grimana
C. Delfina
C.d. For
San Francesco di Paolo
Via Garibaldi
Fond.
Sant'Anna
Ex Chiesa Sant'Anna
Rio di Quintavalle
Alice in Wonderland
C. Pedrocchi
C. Schiavona
G. Garibaldi
2
Tipici Veneziani
C. Streta de Ca' Sarasina
C. S. Saresin
C. d. Ancore
Cte Saresin
C. Correra
C. Cattapan
Riva dei Sette Martiri
C. Colonne
Resistenza
1
Calle San Domenego
Viale Giuseppe Garibaldi
Marina
Cte Martin Novell
Secco
Cte d. Solda
Giuseppe
San
Isola di Sant'Elena
Caffè La Serra
Rio t.d. Forner
Fond.
Cpo S. Giuseppe
S. Giuseppe di Castello
Rio terà S. Isepo
Paludo S. Antonio
C. dietro il Paludo
Giardini Pubblici
3
26
V
Giardini
Viale 24 Maggio
Viale Trento
Esposizione Int. d'Arte Moderna La Biennale
4
Riva dei Partigiani
Paradiso
Viale Trieste
Biennale
V
Rio dei Giardini
Biennale-Gärten
4
C. del Montello
C. Mte Cengio
C. de l'Asilo
C. del Pasubio
Cpo d. Grappa
C. d. Montesanto
Calle Oslavia
C. Mte Sabotino
Biennale-Gärten
Giardini Pubblici
Viale dei Giardini
Canale di San Marco
Viale 4. Novembre
Cpo dell' Indepen-denza
C. Gen. Chinotto
C. M Stringari
Osteria Dal Pampo
N
0
100 m
1cm = 70 m

Tour 27

Friedhofsinsel San Michele

San Michele in Isola › Cappella Emiliana › Schubladengräber › Evangelischer Friedhofsbereich › Griechischer Friedhofsbereich

Start: Ⓥ Cimitero (4.1, 4.2)
Ziel: Ⓥ Cimitero (4.1, 4.2)
Wann: jederzeit, im Sommer tgl. 7.30–18, im Winter bis 16.30 Uhr
Distanz: 2 km

Auf geschmückten Gondeln werden die Verstorbenen seit Beginn des 19. Jhs. zu dem kleinen, unbewohnten Eiland gebracht und dort beigesetzt. Auch so bedeutende Persönlichkeiten wie Ezra Pound, Igor Strawinsky und Joseph Brodsky haben auf San Michele ihre letzte Ruhestätte gefunden.

Gräberfeld auf San Michele

»Wenn die Gondeln Trauer tragen«, dann führt der Weg meist nach San Michele. Von den Fondamente Nove bietet sich bereits ein fantastischer Blick auf die zypressenbestandene, von einer Backsteinmauer umgebene Friedhofsinsel. Hier werden die Toten der Lagunenstadt begraben. Doch das war nicht immer so. Vielmehr befand sich auf der kleinen Insel (ca. 460 × 390 m) ab dem 13. Jh. ein Kamaldulenserkloster mit einer bemerkenswerten Bibliothek, von dem die Renaissancekirche San Michele in Isola und ein gotischer Kreuzgang zeugen. Napoleon löste das Kloster per Dekret vom

11. Juni 1804 auf, zugleich ordnete er an, dass die Toten fortan nicht mehr in der Nähe von Kirchen im Stadtgebiet beigesetzt werden durften. Das Inselchen San Cristoforo wurde zum Friedhofsareal auserkoren, erwies sich jedoch rasch als zu klein. Deshalb wurde es 1837 mit San Michele verbunden und 20 Jahre später noch einmal erheblich erweitert.

Um dem ständig drohenden Hochwasser zu begegnen, ließ man das Gelände aufschütten und begradigen, 1876 war die Friedhofsanlage endgültig fertiggestellt. Doch rund 100 Jahre später erwies sich San Michele erneut als zu beengt, weshalb man 1998 damit begann, den Friedhof nach Plänen des englischen Architekten David Chipperfield um weitere $60\,000\ \text{m}^2$ zu vergrößern. Corte dei Quattro Evangelisti heißt der neue Abschnitt, der 15 000 weiteren Grabstätten Platz bietet. Gestaltet ist der Friedhof wie ein griechisches Kreuz, zwei zypressenbestandene Hauptachsen teilen den zentralen Friedhofsbereich, auf dem sich sorgsam gepflegte Gräber zwischen Kieswegen befinden.

San Michele in Isola

Zuerst sollte man die **Chiesa San Michele in Isola** 1 besichtigen, deren Renaissancefassade 1469 von Mauro Condussi entworfen wurde und die nach Restaurierungsarbeiten seit einigen Jahren wieder zugänglich ist (tgl. 7–16 Uhr), dann die aus dem Jahr 1530 stammende achteckige **Cappella Emiliana** 2 an der Nordwestspitze. Ein zauberhafter **Kreuzgang** lädt anschließend zu einer kurzen Pause in stiller Umgebung ein. Direkt hinter dem Eingang links befindet sich übrigens ein

Kreuzgang

Gedenkstein, der an den Salzburger Mathematiker und Physiker **Christian Doppler** erinnert, den Entdecker des sogenannten Doppler-Effekts in der Akustik und Optik. Wo genau sich seine Grabstelle befindet, ist nicht geklärt.

Hinweistafeln leiten einen zu den verschiedenen Friedhofsbereichen. Folgt man zuerst dem Weg in die nordöstliche Ecke von San Michele, so gelangt man zu dem Bereich der riesigen Grabwände mit sogenannten **Schubladengräbern** 3.

Im Nordosten des Friedhofs, im ungepflegten **Protestantischen Abschnitt,** wo zahlreiche Gräber längst abgesackt sind, liegt unter einer duftenden Rose der Literaturnobelpreisträger **Joseph Brodsky** 4 begraben, und auch **Ezra Pound** 5 hat hier, ungefähr in der Mitte des Bereichs, seine letzte Ruhestätte gefunden. Nur zu leicht übersieht man die winzige Steinplatte mit seinem Namen. Die im ersten Moment wie weggeworfene Papierschnipsel wirkenden Blätter entpuppen sich bei näherem Hinsehen als Gedichte und kleine Briefchen von Fans an »ihren« Schriftsteller.

MAL PAUSE MACHEN

Nur das Vogelgezwitscher unterbricht die Stille auf **San Michele.** Parkbänke zwischen blühenden Rosensträuchern laden ein, die Ruhe und Abgeschiedenheit dieses Ortes zu genießen.

Im angrenzenden **Griechischen Bereich** ruht der russische Komponist **Igor Strawinsky** 6. Auch die Gräber von **Sergej Diaghilew,** Gründer des berühmten Russischen Balletts, und des Künstlers **Emilio Vedova** befinden sich in diesem Abschnitt.

Von einem Infopoint, Toilettenhäuschen und einem Getränkeautomaten in der Nähe des Eingangs abgesehen gibt es auf San Michele keinerlei Infrastruktur. Man sollte also ggf. eine Kleinigkeit zu essen mitbringen.

Touren im Anschluss: 28, 29, 30

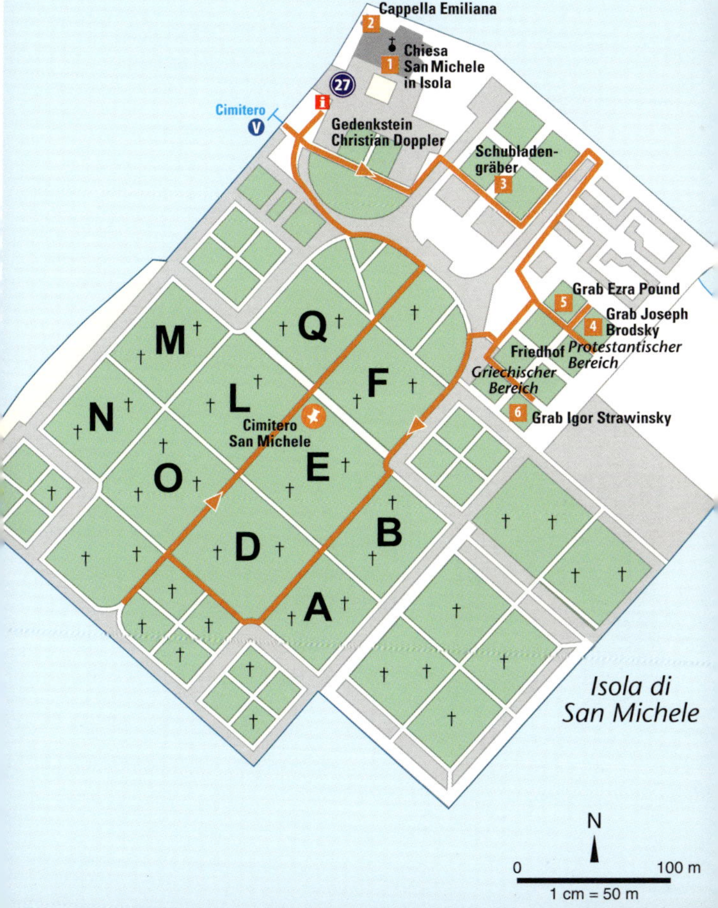

Cappella Emiliana
2
Chiesa
1
San Michele
in Isola
27
Cimitero
V
Gedenkstein
Christian Doppler
Schubladen-
gräber
3
Grab Ezra Pound
5
Grab Joseph
4
Brodsky
Friedhof
Protestantischer
Bereich
Griechischer
Bereich
6
Grab Igor Strawinsky
Q
M
L
F
N
Cimitero
San Michele
E
O
B
D
A
Isola di
San Michele
N
0
100 m
1 cm = 50 m

Tour 28

Zu den Glasbläsern von Murano

Fondamenta dei Vetrai › Palazzo Contarini › Ponte Ballarin › San Pietro Martire › Palazzo da Mula › Museo del Vetro › S.S. Maria e Donato

Start: Ⓥ Colonna (3, 4.1, 4.2, 7, N)
Ziel: Ⓥ Navagero (3, 4.1, 4.2, 7, N)
Wann: jederzeit, im Sommer wie im Winter
Distanz: 2 km

Ganz Europa wurde einst von Murano aus mit wertvollen Gläsern, Spiegeln und Kronleuchtern beliefert. Bis heute hat sich das Handwerk der Glasbläserei auf der Insel erhalten. In zahlreichen Geschäften kann man Glasprodukte kaufen, zudem informiert ein Museum über die Geschichte des faszinierenden Handwerks.

Glasbläserwerkstatt

Bereits seit dem Mittelalter ist Murano das Zentrum der venezianischen Glasherstellung. Angesichts der Brandgefahr, die von den bis zu 1300 °C heißen Glasöfen ausging, verlagerte man die Glasproduktion, die seit dem 10. Jh. in Venedig existierte, 1291 vom Stadtgebiet auf die Insel Murano. Hier hatte man zudem die Glasbläser besser unter Kontrolle und konnte verhindern, dass sie ihr begehrtes Wissen weitergaben. Wer dennoch Geheimnisverrat beging, dem drohte die Todesstrafe. Das Geschäft mit dem Muranoglas florierte, ganz Europa wurde im Mittelalter mit wertvollen Kronleuchtern, Spiegeln und anderen Glaswaren beliefert. Im 16. Jh. lebten rund 30 000 Menschen auf Murano – wirtschaftliche Basis waren u. a. die Glashütten. Auch heute noch existieren auf Murano zahlreiche Glashütten *(fornaci)*, und es ist ein Erlebnis, den Glasbläsern bei der Arbeit zuzuschauen. Meist warten an den Vaporettoanlegern schon Hüttenmitarbeiter, die Besucher zu den Produktionsstätten führen.

Murano-Glas

Steigt man an der Bootshaltestelle Colonna aus, führen die **Fondamenta dei Vetrai** (Ufer der Glasbläser) mit zahlreichen Glasgeschäften und -betrieben ins Zentrum von Murano. Linker Hand steht, leicht zu übersehen, der lombardische **Palazzo Contarini** 1, erbaut im 16. Jh., kurz darauf passiert man den **Ponte Ballarin** 2, benannt nach Giorgio Ballarin, einem berühmten Glasmacher des 15. Jhs., der seine Karriere auf gestohlenen Rezepturen begründete.

Wer die Brücke überquert, gelangt zum **Leuchtturm** 3 *(faro)*, von wo aus die Vaporetti nach Burano starten. Zurück am Kanal, verlockt das **Dalla Mora** zu einem Päuschen (s. Restaurants, S. 137). Wer Glasprodukte kaufen möchte, sollte unbedingt bei **Seguso** (Fondamenta Manin 77, www.seguso.com) reinschauen. Die Objekte haben ihren Preis, sind aber von Qualität und Design her top.

Der eigentliche Weg führt jedoch weiter entlang der Fondamenta bis zur Kirche **San Pietro Martire** 4, die ein Hauptwerk Giovanni Bellinis birgt: die »Thronende Madonna mit dem Hl. Markus und dem Dogen Agostino Barbarigo« von 1448.

Am Ponte Longo vorbei weiterlaufend gelangt man zum spätgotischen **Palazzo da Mula** 5, eine jener Prachtvillen, die im 15./16. Jh auf Murano errichtet wurden. Viele wohlhabende

Venezianer verbrachten den Sommer auf der Insel, fest davon überzeugt, dass das Klima hier gesundheitsfördernd sei. Vom **Ponte Longo** hat man einen guten Blick auf den Palazzo. Über den **Ponte,** die Muranos Canal Grande überspannt, den breiten Canale degli Angeli, gelangt man auf die andere »Inselseite«, wo im Palazzo Giustinian aus dem 17. Jh. das **Museo del Vetro** 6 untergebracht ist. Das sehenswerte Glasmuseum stellt auf zwei Etagen mehr als 4000 Glasexponate aus, darunter Schmuck, Lüster, Trinkgefäße, Schalen und Vasen, und informiert über das alte Handwerk der Glasherstellung, das sich heute gegen die Billigkonkurrenz behaupten muss. Faszinierend ist nicht nur die Technik, sondern auch die Detailfreude, die sich entwickelte, nachdem sich die Glasbläserei von der Produktion reiner Gebrauchsgegenstände verabschiedet hatte und fortan auf dekorative Objekte setzte. Häufig finden in dem Museum Sonderausstellungen statt (tgl. 10–18, Nov.–März 10–17 Uhr).

Maria e Donato

Unmittelbar an das Museum schließt sich der **Campo San Donato** an, der zentrale Platz Muranos. Hier erhebt sich unübersehbar die Basilika **Maria e Donato** 7 mit einem Mosaikfußboden aus dem 12. Jh., der an San Marco erinnert. Die Kirche der Bischöfe von Murano und Torcello, deren Ursprung im 7. Jh. liegt, zählt zu den ältesten in der Lagune.

Gegenüber dem Glasmuseum, auf der anderen Seite des Kanals gelangt man zur Vaporettostation Navagero.

MAL PAUSE MACHEN

Wenn Sie Hunger verspüren, die **Trattoria Valmarana,** vis-à-vis des Glasmuseums auf der anderen Kanalseite, bietet besten Fisch und Meeresfrüchte.

Touren im Anschluss: 27, 29, 30

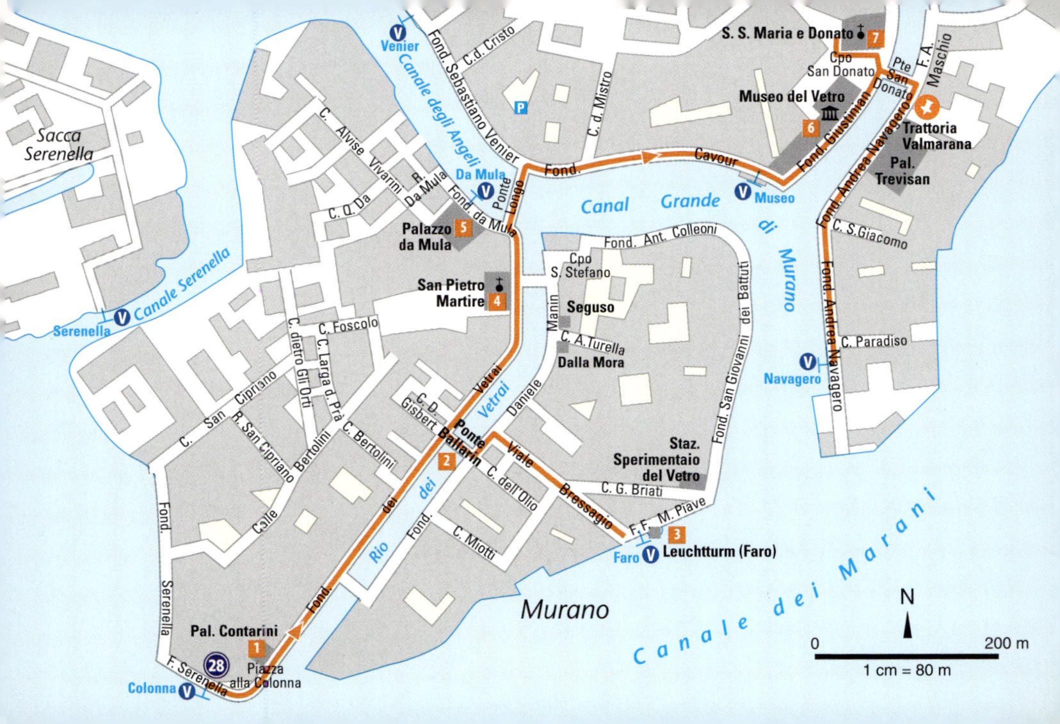

Sacca Serenella
Canale Serenella
Serenella
Venier
Canale degli Angeli
Da Mula
Fond. Sebastiano Venier
C.d. Cristo
C. d. Mistro
Fond. Cavour
Ponte Longo
Fond. da Mula
R. Da Mula
C. Alvise Vivarini
C. Q. Da
Palazzo da Mula 5
San Pietro Martire 4
C. Foscolo
C. dietro Gli Orti
C. Larga d. Prà
C. San Cipriano
R. San Cipriano
Calle Bertolini
C. Bertolini
C. D. Gisbert
Ponte Ballarin 2
Fond. dei Vetrai
Rio dei Vetrai
Fond. Daniele
Viale Bressagio
C. dell'Olio
C. Miotti
Fond. Serenella
F. Serenella
Pal. Contarini 1
28
Piazza alla Colonna
Colonna
Murano
Canale dei Marani
S. S. Maria e Donato 7
Cpo San Donato
Pte San Donato
F. A. Maschio
Museo del Vetro 6
Fond. Giustinian
Trattoria Valmarana
Pal. Trevisan
Fond. Andrea Navagero
C. S.Giacomo
C. Paradiso
Navagero
Museo
Canal Grande di Murano
Fond. Ant. Colleoni
Cpo S. Stefano
Manin
Seguso
C. A.Turella
Dalla Mora
Fond. San Giovanni dei Battuti
Staz. Sperimentaio del Vetro
C. G. Briati
F. F. M. Piave
3
Faro
Leuchtturm (Faro)
N
0
200 m
1 cm = 80 m

Tour 29

Fischerinsel Burano

Fondamenta della Giudecca › Piazza B. Galuppi › Chiesa San Martino › Museo del Merletto

Start: Ⓥ Burano (9, 12, N)
Ziel: Ⓥ Burano (9, 12, N)
Wann: jederzeit, am schönsten an Sommertagen, wenn das Licht zum Fotografieren perfekt ist
Distanz: 1,5 km

Postkartenschön sind die knallbunt gestrichenen Häuschen der Fischerinsel Burano. Ob maisgelb, lindgrün, dunkelblau oder leuchtend rot – bei einem Bummel entlang der Fondamenta entdeckt man zahlreiche pittoreske Fotomotive. Wer sich mehr für die feine Spitze interessiert, die traditionell auf Burano hergestellt wurde, sollte das Spitzenmuseum besuchen.

Bunte Fischerhäuschen

Eine ganz und gar erholsame Tour, die weniger kulturelle Highlights als wunderschöne (Foto-)Motive bietet. Wahrscheinlich würde sich kaum ein Besucher auf die traditionelle Fischerinsel verirren, hätte nicht irgendwann einmal jemand sein Haus mit einem farbenfrohen Anstrich versehen. Andere Bewohner Buranos zogen nach, und nun reihen sich hier in knallbunten Farben gestrichene Fischerhäuschen aneinander – ein charmantes, den Eindruck von Heiterkeit vermittelndes Bild! Am Vaporettoanleger folgt man einfach dem Tross, der sich Richtung Zentrum bewegt. Am Kanal angelangt, sollte man unbedingt rechts abbiegen. Denn von den Fondamenta Cavanella aus bieten sich schöne Panoramablicke auf die bunten Fischerhäuschen, die sich an ruhigen Tagen ganz malerisch im stillen Wasser spiegeln.

Über eine Brücke geht es auf die **Fondamenta della Giudecca,** die in die Fondamenta Cappuccine übergehen. Beim Bummeln macht man Bekanntschaft mit dem typischen Alltagsleben auf Burano: Handwerker gehen ihrem Job nach, Hausfrauen hängen Wäsche auf, und die Fischer machen ihre Boote für den nächsten Fang klar. Zu beiden Seiten des Kanals locken kleine Gässchen, die man nur zu gerne durchstreifen möchte, hätte man dabei nicht das Gefühl, zu sehr in die Privatsphäre der Insulaner einzudringen.

Piazza B. Galuppi

Bleibt man auf den Fondamenta della Giudecca, so gelangt man ganz automatisch auf die große, belebte **Piazza B. Galuppi,** von der die Haupteinkaufsstraße der Insel abgeht. Der Platz wird vom windschiefen Campanile der **Chiesa San Martino** 1 beherrscht, den man schon bei der Anfahrt vom Vaporetto aus sieht. Die erste Kirche an dieser Stelle wurde bereits um das Jahr 1000 errichtet, sein heutiges Aussehen erhielt das Gotteshaus im 16. Jh. Im Inneren kann mit der »Crocifissione« (Kreuzigung) ein Frühwerk Tiepolos bewundert werden (tgl. 8–12, 15–19 Uhr).

Ein weiteres Highlight an der Piazza B. Galuppi, die übrigens nach dem Komponisten Baldassare Galuppi benannt wurde, der 1706 auf Burano das Licht der Welt erblickte, ist das **Museo del Merletto** 2, das die Ge-

MAL PAUSE MACHEN

Nur 40 m von hier kehren Fischliebhaber in der **Trattoria Da Romano** (s. S. 139) ein. In den 1920er-Jahren ein Künstlertreff, heute kommen die Besucher vor allem wegen der guten Küche.

Museo del Merletto

schichte der Spitzenherstellung auf anschauliche Weise dokumentiert (im Sommer Di–So 10–18, im Winter 10–17 Uhr). Burano war im 16./17. Jh. berühmt für die Herstellung von Spitze (*merletto*), insbesondere für die in Nadelspitzentechnik gefertigte *reticella*. In der **Scuola dei Merletti,** der 1872 gegründeten Spitzenschule, ist die traditionelle Spitzenstickerei wiederbelebt worden, darunter eine Technik, die sich *punto in aria,* der luftige Stich, nennt und eine Weiterentwicklung der *reticella* darstellt. Bis heute bemühen sich hier einige Frauen, die historischen Nadeltechniken vor dem Vergessen zu bewahren.

Das, was in den Geschäften der Via B. Galuppi angeboten wird, ist überwiegend Fabrikware und stammt aus den Billiglohnländern Südostasiens. Lediglich einige Geschäfte bieten original Burano-Spitze an, die jedoch ausgesprochen teuer ist. Wunderschöne Stücke findet man bei **Emilia** (Piazza B. Galuppi 205, www.emiliaburano.it) oder bei **La Perla** (Via B. Galuppi 376, www.laceinvenice.com). Nach dem gemütlichen Schaufensterbummel erreicht man wieder den Kanal. Rechter Hand ergibt sich ein fantastischer Blick auf den gewundenen Wasserlauf, den farbenprächtige Fischerhäuschen säumen. Ein herrliches Fotomotiv, das man nicht verpassen sollte.

Nun ist vielleicht der richtige Zeitpunkt gekommen, um in eines der Lokale wie z. B. das **Riva Rosa** (Via San Mauro 296, €€) einzukehren und die Stimmung in aller Ruhe auf sich wirken zu lassen.

Touren im Anschluss: 27, 28, 30

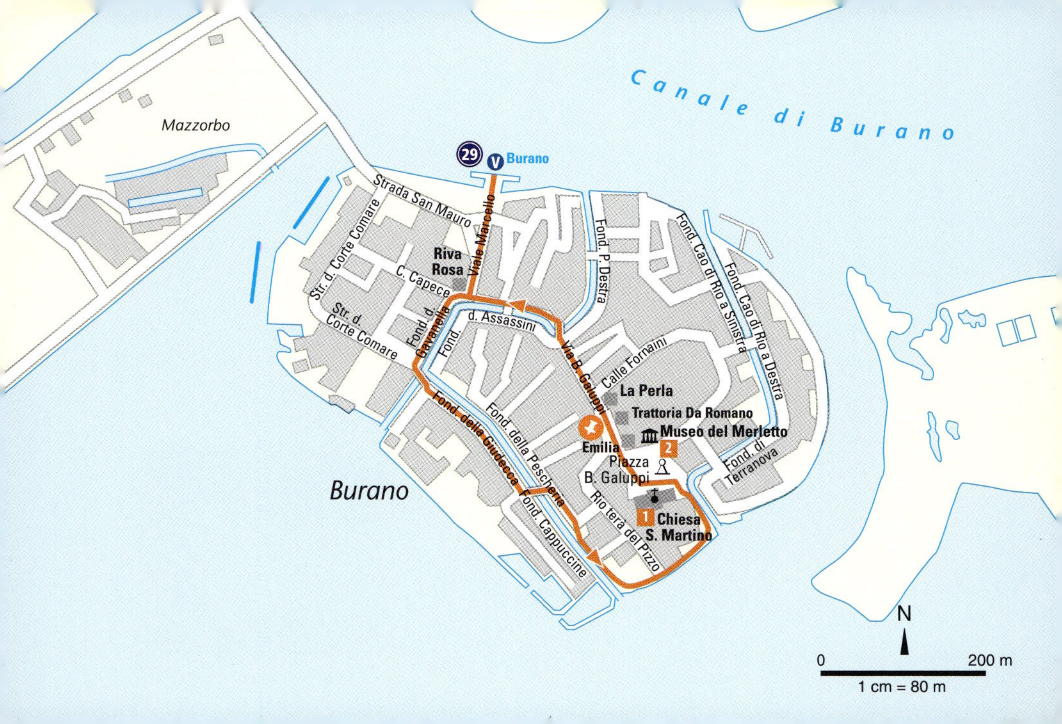
Canale di Burano
Mazzorbo
29
V Burano
Strada San Mauro
Viale Marcello
Riva
Rosa
C. Capece
Str. d. Corte Comare
Str. d.
Corte Comare
Fond. d.
Gavanella
Fond.
d. Assassini
Fond. P. Destra
Fond. Cao di Rio a Sinistra
Fond. Cao di Rio a Destra
Via B. Galuppi
Calle Fornaini
La Perla
Trattoria Da Romano
Museo del Merletto
2
Emilia
Piazza
B. Galuppi
Fond. di
Terranova
1
Chiesa
S. Martino
Rio terà del Pizzo
Fond. della Pescheria
Fond. della Giudecca
Fond. Cappuccine
Burano
N
0
200 m
1 cm = 80 m

Tour 30

Vorgängerin Venedigs: Insel Torcello

Piazza Torcello › Thron des Attila › Chiesa di Santa Fosca › Cattedrale di S. M. Assunta › Museo di Torcello › Locanda Cipriani

Start: Ⓥ Torcello (9, 12, N)
Ziel: Ⓥ Torcello (9, 12, N)
Wann: nur in den Sommermonaten empfehlenswert
Distanz: 2 km

Eine fast verlassen wirkende Insel inmitten der stillen Lagunenlandschaft. Doch einst war Torcello nicht nur ein wichtiges Handelszentrum, sondern auch Sitz des Bischofs. Davon kündet die 639 gegründete Kirche Santa Maria Assunta, die den Besuch ebenso lohnt wie das Archäologische Museum, in dem antike und mittelalterliche Exponate ausgestellt sind.

Blick vom Campanile

Nahezu menschenleer erscheint die in der *laguna morta* gelegene Insel Torcello, wenn man sich ihr mit dem Vaporetto nähert. Und es sind in der Tat auch nur noch elf Menschen, die hier ständig leben. Dass dies einst anders war, beweist der weithin sichtbare, große Kirchenkomplex mit seinem markanten Campanile, der nun von Sümpfen und Schwemmland umgeben ist. Torcello war schon zu Ruhm und Ansehen gelangt, als Venedig noch gar nicht existierte. Die Insel, die bereits im 1. Jh. n. Chr. besiedelt war, wurde im 7. Jh. zum Bischofssitz erhoben, im 10. Jh.

lebten hier bis zu 20000 Menschen, die eifrig Handel trieben und so zu Reichtum und Wohlstand gelangten. In der Folge entstanden zahlreiche Kirchenbauten und alleine 16 Klöster. Doch heute fällt es auf der sumpfigen, verwilderten, 44,17 ha großen Laguneninsel schwer, sich die Blütezeit Torcellos vorzustellen, die im 12. Jh. abrupt endete. Noch ist nicht endgültig geklärt, warum sich Torcello so plötzlich entvölkerte. Vermutlich haben Überschwemmungen und Malariaepidemien viele Bewohner vertrieben. Bei ihrer Umsiedlung nach Venedig oder nach Murano nahmen sie mit, was an Baumaterialien wiederverwertbar war. Von der einstigen Stadtanlage sind deshalb kaum noch Spuren vorhanden. 1810 wurden die letzten drei Klöster der Insel geschlossen.

Fußweg zur Piazza Torcello

An der Vaporettoanlegestelle beginnt der knapp 1 km lange, neu gepflasterte Fußweg Richtung **Piazza Torcello,** der durch eine unberührte, urwüchsige Naturlandschaft und vorbei an der **Ponte del Diavolo** sowie an drei Restaurants führt.

An der Piazza findet man auf engstem Raum die Sehenswürdigkeiten der Insel versammelt. Dazu gehört auch der **Thron des Attila** 1, ein steinerner Sitz, bei dem es sich vermutlich um den ehemaligen Bischofsthron aus der Assunta-Kirche handelt.

Die Kreuzkuppelkirche **Santa Fosca** 2 wurde im 11. Jh. errichtet, um die Reliquien der ravennatischen Märtyrerin Fosca aufzunehmen (tagsüber, So während der Messe um 10.30 Uhr Zutritt verboten). Ein Säulengang verbindet Santa Fosca mit der beeindruckenden Kathedrale **Santa Maria**

MAL PAUSE MACHEN

Auf der Wiese unter dem mächtigen Baum, der **Attilas Thron** beschirmt, kann man vor allem im Sommer eine erholsame Pause im Schatten einlegen.

Santa Maria Assunta

Assunta 3 12, die 639 gegründet wurde und damit das älteste Bauwerk der Lagune ist. Die heutige Kirche stammt allerdings aus dem Jahr 1008. Größter Schatz im Inneren sind die byzantinischen Mosaiken, die aus dem 11. und 12. Jh. stammen. Besonders tiefen Eindruck hinterlässt das »Weltgericht«, das drastisch die Höllenqualen schildert. Ein Audioguide erläutert die Hintergründe (April–Okt. tgl. 10.30–18, im Winter 10 bis 17 Uhr). Vom Campanile aus (an dem seit Jahren Restaurierungsarbeiten durchgeführt werden) bieten sich bei gutem Wetter atemberaubende Blicke über die Lagunenlandschaft.

An die Kirche angeschlossen ist der Komplex des **Museo di Torcello** 4, in dem antike und mittelalterliche Funde von der Laguneninsel und Exponate zur Geschichte Torcellos ausgestellt sind. Die antiken Artefakte – u. a. Grabstelen und Keramiken – befinden sich im **Palazzo dell'Archivio,** dem auf das 12. Jh. zurückgehenden Archivpalast, während der gegenüberliegende **Palazzo del Consiglio,** der Stadtratspalast aus dem 13. Jh., die Sektion Mittelalter und Moderne beherbergt (Di–So 10.30–17.30, im Winter 10–17 Uhr). Informativ sind die **Führungen** durch den Kirchen- und Museumskomplex (11, 11.45, 12.30, 13.15 Uhr).

Mit der **Locanda Cipriani** 5 besitzt Torcello eines der besten und berühmtesten Lokale der Lagune – Ernest Hemingway zählte zu den Gästen, und auch Maria Callas und Arturo Toscanini haben hier fürstlich gespeist. Das Cipriani ist eine Dependance des Luxushotels auf der Insel Giudecca und gehört dem Besitzer von Harry's Bar (s. Restaurants, S. 136).

Touren im Anschluss: 27, 28, 29

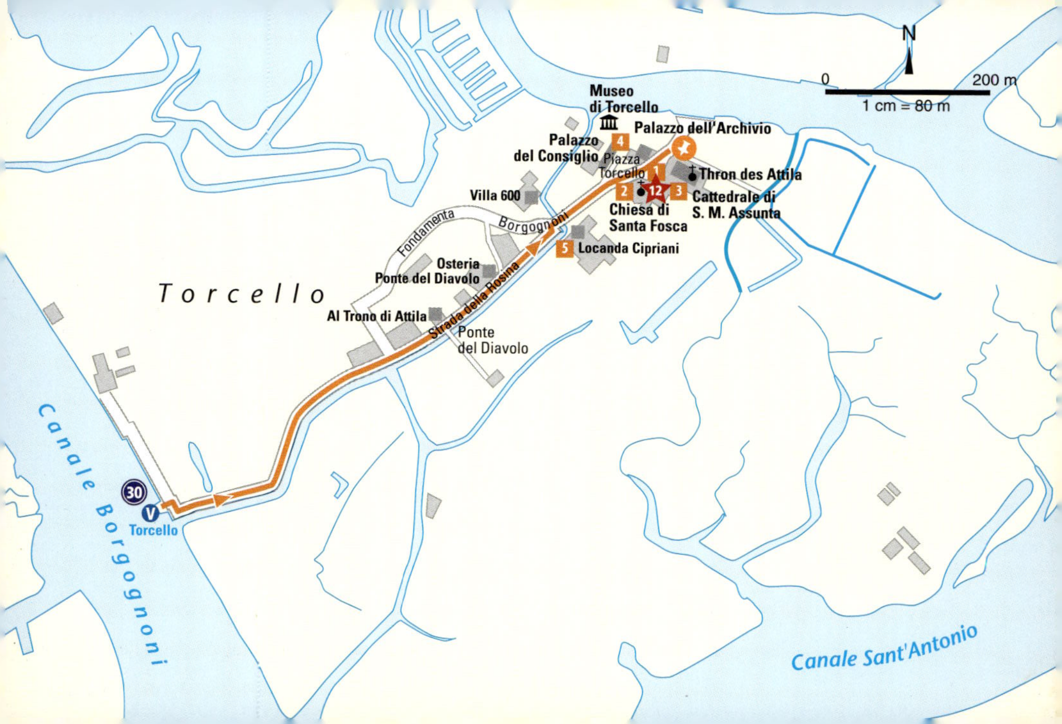
N
0
200 m
1 cm = 80 m
Museo di Torcello
Palazzo dell'Archivio
Palazzo del Consiglio
Piazza Torcello
Thron des Attila
Cattedrale di S. M. Assunta
Chiesa di Santa Fosca
Locanda Cipriani
Villa 600
Fondamenta
Borgognoni
Osteria Ponte del Diavolo
Strada della Rosina
Al Trono di Attila
Ponte del Diavolo
Torcello
30
V
Torcello
Canale Borgognoni
Canale Sant'Antonio
1
2
3
4
5
12

Locanda Fiorita

Vom luxuriösen 5-Sterne-Hotel mit Swimmingpool über verwunschene Klosteranlagen bis hin zum einfachen B & B reicht das Angebot an Unterkünften. Zunehmend werden auch Privatzimmer und kleine Apartments angeboten. Der gebotene Komfort entspricht nicht immer den hohen Übernachtungspreisen. Im Internet findet man Sondertarife.

Abbazia (Cannaregio)
Calle Priuli dei Cavaletti 68, Tel. 041 71 73 33,
www.abbaziahotel.com, €€

Das sorgfältig restaurierte ehemalige Karmeliterkloster, nicht weit vom Bahnhof Santa Lucia entfernt, ist in ein bezauberndes 3-Sterne-Hotel umgewandelt worden. Bis heute verströmt das ordentliche und gepflegte Nichtraucherhaus klösterliche Atmosphäre. Besonders angenehm ist der Klostergarten, in dem man morgens frühstücken kann.

Belle Arti (Dorsoduro)
Rio terà Foscarini, Tel. 04 15 22 62 30,
www.hotelbelleartivenice.com, €€

Unweit der Gallerie dell'Accademia gelegen, ist dieses Hotel eine gute Wahl für Kunstfreunde. Im Hochsommer wird der Garten mit Springbrunnen zu einem schönen Refugium, wenn man sich vom Pflastertreten ein wenig erholen möchte.

Ca' Pisani Hotel (Dorsoduro)
Rio terà Antonio Foscarini 979/A, Tel. 04 12 40 14 11,
www.capisanihotel.it, €€€

Es war das erste Designhotel Venedigs. Untergebracht in einem Palazzo aus dem 14. Jh., gehen hier Alt und Neu eine spannende Symbiose ein. Massive Möbel aus den 1930er-/40er-Jahren harmonieren bestens mit avantgardistischen Objekten. Das hauseigene Restaurant »La Rivista« beschreitet in der Zubereitung venezianischer Speisen ebenfalls kreative Wege. Es verfügt über eine Dachterrasse.

Casa Peron (Santa Croce)
Salizzada San Pantalon 84, Tel. 041 71 00 21,
www.casaperon.com, €

Ganz einfaches, sauberes Hotel, nicht weit vom Piazzale Roma entfernt. Nicht alle Zimmer haben ein eigenes Bad, deshalb unbedingt nachfragen! Persönliche Atmosphäre, wer Zimmer Nr. 5 bucht, hat sogar eine eigene kleine Terrasse.

Hotel American Dinesen (Dorsoduro)
Fondamenta Bragadin 628, Tel. 04 15 20 47 33,
www.hotelamerican.it, €€

Wunderbar am Canal San Vio gelegenes 3-Sterne-Hotel, untergebracht in einem Palazzo aus dem 18. Jh. Einige der bedeutendsten Museen der Stadt liegen ganz in der Nähe. Die Zimmer zum Kanal hin haben blumenberankte Balkone.

Hotel Flora (San Marco)
Calle Larga 22 Marzo 2283/A, Tel. 04 15 20 58 44,
www.hotelflora.it, €€

Nicht weit vom Markusplatz entfernt, ist dieses liebevoll geführte Traditionshaus, das mit viel Stuck und Pomp eingerichtet ist, eine solide Übernachtungsadresse. Besonders schön: der efeuumrankte Innenhof, den man an heißen Sommertagen schätzen wird. Morgens gibt es ein reichhaltiges Frühstück.

Locanda del Ghetto (Cannaregio, Tour 18, Seite 78)
Campo del Ghetto Nuovo 2892, Tel. 04 12 75 92 92,
www.locandadelghetto.net, €€

Atmosphärische Unterkunft im ehemaligen jüdischen Getto. Nur ein paar Schritte vom Jüdischen Museum entfernt und unterhalb der Scuola Italiana, einer im Jahre 1575 erbauten Synagoge, nächtigt man in angenehmen Zimmern. Von einigen blickt man auf den Campo del Ghetto Nuovo.

Locanda Fiorita (San Marco)
Campiello Nuovo 3457/A, Tel. 04 15 23 47 54,
www.locandafiorita.com, €€

Blumenumranktes lauschiges Hotel an einem ruhigen Platz, auf dem man abends noch gemütlich ein Glas Wein trinken kann. Neun Zimmer mit knarzenden Holzböden, einige mit hübschem Balkon. Es herrscht eine familiäre Atmosphäre.

Metropole (Castello)
Riva degli Schiavoni 4149, Tel. 04 15 20 50 44,
www.hotelmetropole.com, €€€

Welch fantastische Lage! Von dem luxuriösen 5-Sterne-Hotel, in dem bereits Thomas Mann und Sigmund Freud logierten, blickt man auf das San Marco-Becken und die Klosterinsel San Giorgio Maggiore. Die opulente, orientalisch angehauchte Ausstattung und das Gourmetrestaurant »MET« verführen zum Schwelgen.

Pensione Accademia Villa Maravege (Dorsoduro)
Fondamenta Bollani 1058, Tel. 04 15 21 01 88,
www.pensioneaccademia.it, €€€

Ein kleiner verträumter Garten, ein Palazzo aus dem 17. Jh. und der (wenn auch eingeschränkte) Blick auf den Canal Grande: Die grüne Oase mitten in Venedig ist längst kein Geheimtipp mehr. Wer in einem der 27 liebevoll im venezianischen Stil eingerichteten Zimmer unterkommen möchte, sollte frühzeitig reservieren.

Karnevalsgäste im Caffè Florian

Typisch für die venezianische Küche sind Fischgerichte, die man in den unterschiedlichsten Variationen bekommt. Üblicherweise umfasst ein Menü drei Gänge: Vorspeise, Hauptgericht (Gemüse und Salat muss man extra ordern) und eine Nachspeise (Obst, Käse, Süßspeise). Wer es weniger üppig mag, kann auch einfach nur Pizza essen.

Caffè Florian (San Marco, Tour 2, Seite 15)
Piazza San Marco 56, Tel. 04 15 20 56 41,
www.caffeflorian.com, €€€
Schon Goethe trank hier seinen Kaffee, ebenso Jean Jacques Rousseau und Casanova. Das Caffè Florian aus dem Jahre 1720 mit seinen roten Plüschsitzen, den Spiegeln und Lüstern hat eine prominente Gästeliste und ist eines der berühmtesten (und teuersten!) Kaffeehäuser der Stadt. Wer hier einkehrt, sollte wissen, dass man für die Orchestermusik extra zahlt.

Casin dei Nobili (Dorsoduro, Tour 13, Seite 60)
Sottoportego al Casin dei Nobili, San Barnaba,
Tel. 04 15 20 68 95, €€–€€€

Urgemütliche und immer bis auf den letzten Platz besetzte Pizzeria, laut und hektisch, aber mit viel Atmosphäre. Leider gibt es draußen nur wenige Tische, am besten vorher reservieren! Im Speisesaal lässt sich aber das Dach öffnen, so dass man wie in einem Innenhof sitzt. Serviert werden neben Pizzen auch Pasta sowie Fisch- und Fleischgerichte. Gutes Preis-Leistungs-Verhältnis.

Do Forni (San Marco, Tour 3, Seite 19)
Calle dei Specchieri 468, Tel. 04 15 23 21 48,
www.doforni.it, €€€

Ehemals befand sich hier eine Bäckerei, die das Kloster San Zaccaria belieferte. Im 19. Jh. dann wurde die Backstube zu einem edlen Restaurant umgewandelt, das bis heute aus zwei getrennten Bereichen besteht: einem dunklen, typisch venezianischen Speisesaal und dem Orient-Express, der dem Speisewagen des historischen Zugs nachempfunden ist, der einst Venedig mit Istanbul und Paris verband. Gehobene Küche, typisch venezianische Gerichte.

Gam Gam (Cannaregio, Tour 18, Seite 80)
Sottoportego del Ghetto Vecchio 1122, Tel. 04 12 75 92 56,
www.gamgamkosher.com, €

In dem netten Lokal am Tor zum Jüdischen Getto ist alles koscher. Im Sommer sitzt man draußen direkt am Kanal, an kühleren Tagen locken zahlreiche Tische ins Innere. Freundlicher Service, gute Auswahl auch an vegetarischen und veganen Gerichten. Stimmiges Preis-Leistungs-Verhältnis.

Harry's Bar (San Marco, Tour 4, Seite 22)
Calle Vallaresso 1323, Tel. 04 15 28 57 77,
www.harrysbarvenezia.com, €€€
Eine legendäre Adresse, denn so berühmte Persönlichkeiten wie Ernest Hemingway, Frank Sinatra, Winston Churchill und Federico Fellini waren hier schon zu Gast. In der von außen unscheinbaren Bar wurde in der einst der »Bellini« kreiert wurde, jener erfrischende Aperitif aus Prosecco und Pfirsich. In der ersten Etage befindet sich ein exquisites Restaurant.

Lineadombra (Dorsoduro, Tour 12, Seite 56)
Zattere/Ponte dell'Umiltà, Dorsoduro 19, Tel. 04 12 41 18 81,
www.ristorantelineadombra.com, €€€
Die Holzterrasse auf dem Wasser ist ein wahrer Logenplatz. So schön ist die Lage an den Zattere mit Blick auf die Giudecca samt Redentore-Kirche, dass Donna Leon ihren Commissario Brunetti mit seiner Frau hier zum Essen schickt. An kühlen Tagen lockt der schicke, modern gestylte Innenraum. Kreative leichte Küche, sehr schmackhafte Fischgerichte und gute Weinkarte.

Dalla Mora (Murano, Tour 28, Seite 119)
Fondamenta Manin 75, Tel. 041 73 63 44,
www.ristorantedallamora.com, €€€
Im Sommer sitzt man draußen unter einem Sonnensegel am Rio dei Vetrai, ansonsten umgeben von zahlreichen Kunstwerken an weiß gedeckten Tischen in Inneren. Serviert wird traditionelle venezianische Küche, wobei großer Wert auf saisonale Zutaten gelegt wird. Bekannt ist das Lokal für frischen Fisch aus der Lagune und frittierte Meeresfrüchte *(frittura mista)*.

Do Mori (San Polo, Tour 6, Seite 32)
Calle dei Do Mori 429, Tel. 04 15 22 54 01, €€
Eines der ältesten Bàcari der Stadt – eng, dunkel und mit den zahlreichen Kupferkesseln unter der Decke wirklich urig. Hier treffen sich schon am Mittag die Einheimischen, um bei einem Glas Wein und *cicchetti* (kleinen Häppchen) venezianisches Lebensgefühl zu genießen. »Andar per ombra« (in den Schatten gehen) gehört bis heute zu den typischen Gewohnheiten der Venezianer. Zurück geht die Sitte auf mittelalterliche Händler, die im Schatten der Markuskirche ihren Wein verkauften.

Ae Oche (Dorsoduro, Tour 13, Seite 60)
Zattere, Dorsoduro 1414, Tel. 04 15 20 66 01, €–€€
Eine der beliebtesten Pizzerien der Stadt, die eine atemberaubend große Auswahl an unterschiedlichen Pizzen in studentischer Atmosphäre zu zivilen Preisen bietet. Man sitzt am herrlichen Giudecca-Kanal, an dem an Sommerabenden mitunter eine angenehme Brise weht. Das Ae Oche hat zwei weitere Ableger in Venedig: in Santa Croce nahe San Giacomo dall'Orio und in Cannaregio.

Poste Vecie (San Polo, Tour 6, Seite 32)
Rialto Pescheria 16020,
Tel. 041 72 18 22,
www.postevecie.com, €€€

Das älteste Restaurant Venedigs! Nahe dem Fischmarkt gelegen, werden Morgen für Morgen die frischen Zutaten direkt ins Haus geliefert. Serviert wird typisch venezianische Küche, zubereitet mit saisonalem Gemüse, sowie zahlreiche Fischgerichte. Im Sommer lockt ein kleiner Innenhof mit Tischen im Freien.

Rosa Salva (Castello, Tour 23, Seite 100)
Campo San Giovanni e Paolo 6779,
Tel. 04 15 22 79 49, €€€

Ein Klassiker in Venedig! Das beliebte Café bietet eine große Auswahl an hausgemachten Kuchen, köstlichem Gebäck und nicht zuletzt das wohl beste Eis der Stadt. Im Sommer kann man die himmlischen Köstlichkeiten draußen auf dem stimmungsvollen Campo genießen – mit Blick auf die eindrucksvolle »Dogenkirche« Santi Giovanni e Paolo.

Alle Testiere (Castello, Tour 23, Seite 100)
Calle del Mondo Nuovo 5801,
Tel. 04 15 22 72 20,
www.osterialletestiere.it, €€€

Die kleine, schnörkellose Osteria, deren Tische am Abend

meist rasch besetzt sind (unbedingt reservieren!), genießt in Venedig einen hervorragenden Ruf für frische Fischgerichte.

Trattoria Da Romano (Burano, Tour 29, Seite 123)
Via Galuppi 221, Tel. 041 73 00 30,
www.daromano.it, €€€
Ein riesiger Speisesaal und eine Crew, die in der Küche ihr Bestes gibt, um die Gäste mit frischen Fischgerichten und anderen Köstlichkeiten der venezianischen Küche zu versorgen. Früher war das Lokal ein bekannter Künstlertreff, wovon noch immer die Kunstwerke an den Wänden zeugen.

Alla Vedova (Cannaregio, Tour 21, Seite 91)
Ramo Ca' d'Oro/Calle del Pistor, Tel. 04 15 28 53 24, €–€€
Die »Witwe« zählt zu den typischsten Lokalen der Stadt. Es gibt ein vielfältiges Angebot an *cicchetti,* darunter frittiertes Gemüse, *sarde in saor* (sauer eingelegte Sardinen) und Krabbenspieße, die man am Tresen zu einem Glas Wein genießt. Wer beim Essen lieber sitzt, nimmt an einem der Holztische Platz und bestellt à la carte.

La Zucca (Santa Croce, Tour 16, Seite 72)
Ponte dell Megio/San Giacomo dall'Orio, Tel. 04 15 24 15 70,
www.lazucca.it, €–€€
Die ultimative Adresse für Vegetarier, wenngleich es auch Fleischgerichte gibt! Dazu noch zauberhaft gelegen, mit zwölf Plätzen draußen und 35 im modern gestalteten, holzgetäfelten Innenraum. Tolle Gemüsevariationen, im Herbst wird Kürbis *(zucca)* in vielfältiger Weise verarbeitet. Gute Auswahl an Weinen.

Obst- und Gemüsemarkt Erberia

Neben den typischen Souvenirs findet man in Venedig auch traditionelle Handwerksprodukte, darunter Glasobjekte aus Murano, Masken, marmoriertes Papier und Spitze aus Burano. Modebewusste werden sich in den Haupteinkaufsstraßen in San Marco bewegen. Ein sinnliches Erlebnis dagegen ist der morgendliche Bummel über den bunten Markt, die Erberia.

Alberto Valese (San Marco, Tour 4, Seite 24)
Campo San Stefano 3471, Tel. 04 15 23 88 30,
www.albertovalese-ebru.it

Marmoriertes Papier gehörte lange zu den Spezialitäten der Seerepublik Venedig, bevor diese alte Handwerkskunst in Vergessenheit geriet. In den 80er-Jahren des letzten Jahrhunderts besann man sich wieder auf sie. Alberto Valese gehörte damals zu den Pionieren. In seinem Laden wird marmoriertes Papier in Form von Adress- und Notizbüchern, Kalendern, Fotorahmen etc. in großer Auswahl präsentiert.

Bressanello Artstudio (Dorsoduro, Tour 13, Seite 60)
Ponte dei Pugni, Dorsoduro 2835/A, Tel. 04 17 24 10 80,
www.fabiobressanellophoto.com
Nicht die üblichen Fotos von Venedig, sondern ganz besondere Stimmungen: stille Räume, Fassaden, die sich verzerrt in einer Pfütze spiegeln ... Die Fotos gleichen kleinen Kunstwerken. Wer sie nicht direkt mitnehmen möchte, kann sie sich an seine Heimatadresse schicken lassen.

Ca' del Sol (Castello, Tour 23, Seite 99)
Fondamenta dell'Osmarin 4964,
Tel. 04 15 28 55 49,
www.cadelsolmascherevenezia.com
Traumhaft schöne, aufwendig in Handarbeit gefertigte Masken aus Leder, Keramik, Pappmaschee und Eisen entstehen in dieser Werkstatt, die zu den ältesten Venedigs gehört. Angeboten werden auch Kostüme für Bälle oder den legendären Karneval.

Gilberto Penzo (San Polo, Tour 7, Seite 36)
Calle Seconda dei Saoneri 2681, Tel. 041 71 93 72,
www.veniceboats.com
Modelle venezianischer Gondeln und Schiffe, so wie sie zur Zeit der Serenissima das Mittelmeer durchfuhren, stehen in diesem außergewöhnlichen Laden zum Verkauf. Der Modellbauer, Bootshistoriker und Künstler ist ein wandelndes Lexikon, wenn es um Fragen zu Venedigs Gondeln geht.

Giovanna Zanella (Castello, Tour 3, Seite 20)
Campo San Lio 5641, Tel. 04 15 23 55 00,
www.giovannazanella.it

Derart schrille, freche und außergewöhnliche Schuhe wird man wohl nirgendwo anders mehr finden. Was in der Werkstatt der bekanntesten venezianischen Schuhdesignerin Giovanna Zanella entsteht, zeichnet sich durch leuchtende Farben, ungewöhnliche Materialien und Schnitte aus. Ein Shop mit Promifaktor!

L'Isola (San Marco, Tour 4, Seite 24)
Calle de le Botteghe, Tel. 04 15 23 19 73,
www.lisola.com

Moderne Glaskunst, darunter Lampen, Vasen, Gläser, Schalen und Skulpturen, hergestellt nach Entwürfen von Carlo Moretti bzw. Giovanni Moretti, der nach dem Tod seines Bruders den kreativen Part im Familienunternehmen übernahm. Ganz besondere Stücke, die jedoch ihren Preis haben.

Jesurum (San Marco, Tour 4, Seite 23)
Calle Larga 22 Marzo 2401, Tel. 04 15 23 89 69

Qualitätvolle Spitze, dazu Tücher für die Tischdekoration, Bettwäsche, Kleider, Schals und andere elegante Accessoires – was bei Jesurum angeboten wird, ist von bester Qualität und oft traditionellen venezianischen Mustern und Produkten nachempfunden. Gute, freundliche Beratung!

Libreria Emiliana (San Marco, Tour 5, Seite 28)
Calle Goldoni 4487, Tel. 04 15 22 07 93,
www.libreriaemiliana.com

Venedigs älteste Buchhandlung bietet eine umfangreiche Auswahl an antiquarischen und neuen Titeln zur Geschichte und Kunst Venedigs – vom 16. Jh. bis in die Gegenwart. Auch alte Stiche und Grafiken gehören zum Sortiment. Im holzgetäfelten Verkaufsraum sind einige kostbare Stücke hinter Glas ausgestellt; hier kann man in angenehmer Atmosphäre stöbern und schmökern.

Loris Marazzi (Dorsoduro, Tour 12, Seite 55)
Dorsoduro 369, am Peggy Guggenheim Museum,
Tel. 04 15 23 90 01, www.lorismarazzi.com

Kurios und witzig: Was auf den ersten Blick aussieht wie ein gebügeltes, zusammengefaltetes Hemd, ein aufgeschlagenes Buch, eine Jacke oder eine Unterhose auf der Wäscheleine, entpuppt sich bei näherem Hinsehen als ein Objekt aus Holz. Loris Marazzis skurrile Kunstwerke schmücken mittlerweile Wohnzimmer von Europa über Südafrika und die USA bis Australien. Das widerstandsfähige Holz bezieht der Künstler, dessen Arbeiten weltweit in Ausstellungen zu bewundern sind, aus den Dolomiten.

Millevini (San Marco, Tour 3, Seite 20)
Ramo dei Tedeschi, Tel. 04 15 20 60 90

Neben den tausend Weinen *(mille vini)*, die längst nicht nur aus Italien, sondern auch aus Frankreich, Spanien und von Übersee (z.B. Kalifornien) stammen, werden hier u.a. Grappa, Whiskey und feinste Olivenöle angeboten.

Atelier Pietro Longhi
(San Polo, Tour 8, Seite 40)
Rio terà Frari 2580, Tel. 041 71 44 78,
www.pietrolonghi.com

Etwas versteckt zwischen der Kirche San Gloriosa dei Frari und dem Campo San Polo, auf dem Weg Richtung Rialto, liegt das außergewöhnliche Atelier von Pietro Longhi, der wunderbar gearbeitete historische Kostüme (die man auch ausleihen kann), Schuhe, Perücken, Masken, dekorative Waffen etc. herstellt. Wer das Atelier besuchen möchte, sollte sicherheitshalber vorher anrufen, da der Meister bisweilen unterwegs ist.

Il Prato (San Marco, Tour 4, Seite 24)
Calle delle Ostreghe 2456/8, Tel. 04 15 23 11 48,
www.ilpratovenezia.com

Marmoriertes Papier, wunderschön eingefasste Schachteln, Briefpapier, Notiz- und Adressbücher, Fotoalben usw. Il Prato zählt zu den alteingesessenen Buchbindern Venedigs. Wer ein Geschenk oder Mitbrinsel sucht, ist hier genau richtig.

Il Tempio della Musica (San Marco, Tour 3, Seite 20)
Ramo dei Tedeschi 5368, Seitengasse der Salizzada Pio X., Tel. 04 15 23 45 52

Wer nach einem Konzertbesuch den dringenden Wunsch verspürt, eine Verdi-Oper, ein Vivaldi-Konzert oder Ähnliches auf CD mit nach Hause zu nehmen, der wird in diesem Laden garantiert fündig. Es gibt unzählige CDs verschiedener Genres.

Venini (San Marco, Tour 3, Seite 18)
Piazzetta dei Leoncini 314, Tel. 04 15 22 40 45, www.venini.com

Glaskunst vom Feinsten! Bekannte Designer und Architekten haben in Kooperation mit Venini freche, schrille, auf jeden Fall außergewöhnliche Glasobjekte gestaltet. Eine Dependance befindet sich auf Murano (Fondamenta dei Vetrai 50), der traditionellen Glasbläserinsel.

Vizio Virtù (San Polo, Tour 8, Seite 38)
Calle Campaniel 2898/A, Tel. 04 12 75 01 49, www.viziovirtu.com

Der Himmel auf Erden für Naschkatzen! Die Chocolaterie bietet eine riesige Auswahl feinster, mit Pistazien, Mandeln und vielen erlesenen Gewürzen verfeinerter Pralinen und Schokoladen. Und wer hier noch eisern geblieben ist, wird spätestens am nahe gelegenen Campiello San Tomà, wo sich eine Filiale befindet, der Versuchung nicht länger widerstehen können ...

Romantik pur am Rialto-Ufer

Ein ausgeprägtes Nachtleben gibt es in Venedig nicht. Wer zwischen Diskotheken, Musikklubs und Bars pendeln will, ist fehl am Platz. Angesagt ist eher das romantische Abendessen bei Kerzenschein. An kulturellen Veranstaltungen wie Opern, Konzerten oder Theater mangelt es allerdings nicht. Lebhaftes Treiben herrscht im Sommer am Campo Santa Margherita.

Casinò di Venezia (Cannaregio)

Palazzo Vendramin-Calergi, Calle Vendramin 2040,

Tel. 04 15 29 71 11, www.casinovenezia.it

Unmittelbar am Canal Grande erhebt sich der Palazzo Vendramin-Calergi, in dem einst Richard Wagner an seinen Kompositionen arbeitete und 1883 auch starb. Heute befindet sich hinter der Renaissancefassade das Spielcasino Venedigs, in dem Abend für Abend ein erlauchtes Publikum am Roulettetisch auf das ganz große Glück hofft.

Da Codroma (Dorsoduro)
Fondamenta Briati 2540, Ponte del Soccorso,
Tel. 04 15 24 67 89, So geschl.
Rustikale Osteria, in der man an groben Holztischen in urgemütlichem Ambiente bei guten kleinen Gerichten und hervorragendem Wein einen geselligen Abend verleben kann. In dem einstigen Szenetreff gibt es an manchen Abenden Livemusik.

Teatro Goldoni (San Marco)
Calle del Teatro, Tel. 04 12 40 20 11, 04 12 40 20 14 (Kartenbestellung)
Wer die Commedia dell'Arte einmal live erleben möchte, sollte hier Karten reservieren. In der Regel kann man den Stücken auch ohne große Italienischkenntnisse folgen. Auf dem Spielplan stehen überwiegend, aber nicht ausschließlich Goldoni-Stücke.

Teatro La Fenice
(San Marco, Tour 4, Seite 23)
Campo San Fantin 1965,
Tel. 041 78 66 72,
www.teatrolafenice.it

Wie Phönix (ital. *fenice*) aus der Asche ist es nach verheerenden Bränden in den Jahren 1773, 1836 und zuletzt 1996 wiederauferstanden. In Venedigs historischem Opernhaus geben sich weltberühmte Dirigenten, Orchester, Soprane und Tenöre ein Stelldichein. Ein Opernabend im La Fenice zählt zweifellos zu den absoluten Höhepunkten eines Venedig-Aufenthalts.

Interpreti Veneziani (San Marco, Tour 4, Seite 24)
Chiesa San Vidal 2862/B,
Tel. 04 12 77 05 61, www.interpretiveneziani.com
In der Kirche San Vidal nahe der Accademia-Brücke gibt am Abend das international bekannte Ensemble Interpreti Veneziani u. a. Vivaldi-Konzerte. Ein Erlebnis!

I Musici Veneziani (San Marco)
Scuola Grande di San Teodoro, Campo San Salvador,
Tel. 04 15 21 02 94, www.imusiciveneziani.com
Einige der besten Musiker Venedigs sind Mitglied des hervorragenden Orchesters, das in historischen Kostümen und im stimmungsvollen Rahmen der Scuola Grande di San Teodoro eindrucksvolle Konzerte gibt.

Paradiso Perduto
(Cannaregio, Tour 20, Seite 87)
Fondamenta della Misericordia 2540,
Tel. 041 72 05 81, www.ilparadisoperduto.com, tgl. außer Mi 19–2 Uhr
Bis heute ist das »Verlorene Paradies« ein Treff für Blues- und Jazzfans geblieben, v. a. am Wochenende, wenn bisweilen Livemusik gespielt wird. Eine Kneipe für die alternative Szene, die hier an den groben Holztischen bei Wein und bodenständigen Gerichten diskutierend beieinandersitzt.

Piccolo Mondo (Dorsoduro)
Calle Contarini Corfù 1056/A (Nähe Accademia),
Tel. 04 15 20 03 71

Ein schickes Publikum verkehrt in dieser winzigen und einzigen Diskothek Venedigs, deren Eingang man am Tage leicht übersehen kann. Abends aber wird hier genau kontrolliert, wer Einlass erhält im ehemaligen Club El Souk, wo vorwiegend Musik der 1960er- und 70er-Jahre gespielt wird. Im Eintrittspreis ist bereits ein Getränk inbegriffen.

Venezia (San Marco)

Campo San Gallo 1097, Tel. 04 12 41 20 02,

www.teatrosangallo.net

Die wechselvolle Geschichte Venedigs – dargestellt in einer spektakulären und vielleicht etwas überteuerten Show. Giacomo Casanova, Antonio Vivaldi, Richard Wagner und andere sind Protagonisten des bildgewaltigen Spektakels, das neben der Stadtgeschichte auch Hintergründiges und einige Skandälchen zum Besten gibt (Audioguide auch in Deutsch erhältlich). Nicht jedermanns Sache.

Venice Jazz Club (Dorsoduro)

Ponte dei Pugni, Dorsoduro 3102, Tel. 04 15 23 20 56

Zwischen dem belebten Campo Santa Margherita und dem Campo San Barnaba liegt diese nette Jazzkneipe, in der neben dem venezianischen »VJC Quartet« auch internationale Jazzmusiker zu Gast sind. Vor Konzertbeginn gibt es etwas zu essen.

Diplomatische Vertretungen

- **Deutschland:** Santa Croce 251, Palazzo Condulmer, Fondamenta Condulmer, Tel. 04 15 23 76 75, venedig@hk-diplo.de
- **Österreich:** Santa Croce 251, Palazzo Condulmer, Fondamenta Condulmer, Tel. 04 15 24 05 56, consolato.austria@zoppas.com
- **Schweiz:** Dorsoduro 810, Campo Sant'Agnese, Tel. 04 15 22 59 96, venezia@honrep.ch

Ermäßigungen

City Pass: Gilt 7 Tage (Erw. 40 €, 6–29 Jahre 30 €): freier Eintritt in den Dogenpalast sowie in 10 städtische Museen, die 16 Choruskirchen, die Fondazione Querini Stampalia und das Jüdische Museum. Inklusive Vaporettofahrten: 24 Std. für 60 €, 48 Std. 70 €, 72 Std. 80 €, 1 Woche 100 € – oder inklusive Toilettennutzung 1 Tag 63 €, 7 Tage 69 €.

Den **Venezia Unica City Pass** erhält man bei den Hello-Venezia-Verkaufsstellen, u. a. am Piazzale Roma. Weitere Infos: www.veneziaunica.it.

Alternativ gibt es den **San Marco Pass** für 24,90 €: Eintritt in den Dogenpalast sowie in 3 städtische Museen an San Marco, 3 Choruskirchen und die Fondazione Querini Stampalia. Außerdem Ermäßigungen beim Besuch von Wechselausstellungen, der Biennale, dem P. Guggenheim Museum, dem Palazzo Grassi, der Punta della Dogana und der Fondazione Bevilacqua La Masa.

Museum Pass: Für 24,50 €/ 18,50 € freier Eintritt in die Museen am Markusplatz und in die städtischen Museen Ca' Rezzonico, Palazzo Mocenigo, Carlo Goldoni Haus, Ca' Pesaro, Glasmuseum Murano, Stickereimuseum Burano, Naturhistorisches Museum. Infos: www.vivaticket.it.

MUVE Friend Card Blue: Für Erw. 45 €; freier Eintritt in die Museen am Markusplatz und alle städtischen Museen (www.visitmuve.it), gültig zwölf Monate. **MUVE Friend Card Red** 25 € (bis 26 Jahre).

Chorus-Pass: Für 12 €/erm. 8 €/Familie 24 € freier Eintritt in 15 Kirchen (www.chorusvenezia.org, meist 10–17 Uhr). Der Einzeleintritt kostet je 3 €.

Hotelbuchung

- www.venedig.com
- www.venere.com
- www.veneziasi.it

Private Apartments:

- www.veniceapartment.com

Kartenreservierung

Karten kann man über die jeweilige Homepage reservieren oder bei der Touristeninformation kaufen. Viele Konzerte werden tagsüber beworben, Vorabreservierungen sind nicht erforderlich.

Notruf

- **Notruf:** Tel. 113
- **Polizei (Carabinieri):** Tel. 112
- **Ärztlicher Notdienst:** Tel. 118
- **Feuerwehr:** Tel. 115

Sicherheit

An belebten Plätzen (Piazzale Roma, Piazza San Marco, Vaporetti etc.) sollte man sich vor Taschendieben in Acht nehmen.

Telefon

Mit Telefonkarten kann man von öffentlichen Fernsprechern aus telefonieren. Wer innerorts telefoniert, muss die »0« mitwählen, also 041 für Venedig.

- Internationale Vorwahlen:

Deutschland: 00 49
Österreich: 00 43
Schweiz: 00 41

Toiletten

Die öffentlichen Toiletten sind gebührenpflichtig (1,50 €), Vergünstigungen siehe www.veneziaunica.it.

Touristeninformation

IAT Venice, Giardini ex Reali, San Marco, Tel. 04 15 29 87 11, www.turismovenezia.it, tgl. 9–19 Uhr, Infos, Zimmervermittlung, Ticketverkauf.

Anreise

- **Flugzeug:** Internationaler Flughafen **Marco Polo** (www.veniceairport.it), ACTV-Busse (Linie 5) oder Expressbusse bis Piazzale Roma (6 €, ca. 20 Min.), Inhaber eines Zeittickets, das man am Flughafen erhält, zahlen nicht extra. Hin- und Rückfahrtticket 10 % günstiger.
Alternative: mit Alilaguna ab dem Flughafen übers Wasser (15 €, 70 Min.) bis San Marco oder per Wassertaxi (ca. 95 €, 20 Min.).
Flughafen **Treviso** (www.trevisoairport.it), ca. 35 km nördlich von Venedig. Mit ATVO-Eurobus bis Piazzale Roma (10 €, 45 Min.). Hin- und Rückfahrtticket 10 % günstiger.
- **Bahn:** Der Bahnhof **Santa Lucia** liegt in Venedig (Touristeninformation, Gepäckaufbewahrung ca. 6 €/5 Std., 0,90 € für jede weitere Std.).
Von hier aus geht es zu Fuß oder mit dem Vaporetto (Linie 1, 2, VA) auf dem Canal Grande weiter bis San Marco.
- **Pkw:** Parken am **Piazzale Roma,** Tel. 04 15 23 22 13, www.garagesanmarco.it (30 €/24 Std.) oder am **Parkplatz Tronchetto,** Tel. 04 15 20 75 55, www.veniceparking.it (21 €/24 Std.).
Parken auf dem Festland: z. B. **Parkplatz Fusina,** südlich von Mestre, Via Moranzani 77, an der Autobahnausfahrt den Schildern »Parking & Boat to Venice« in Richtung Malcontenta-Fusina folgen. Geöffnet tgl. 7–23 Uhr, 15 €/Tag. Von hier mit der Fähre (13 € hin und zurück) bis Venedig (www.terminalfusina.it).
Alternativ: **Parkplatz Marco Polo 2002,** Nähe Flughafen (Shuttlebus), Tel. 04 15 41 53 73, für 5–7 €/Tag bzw. 30 €/Woche, www.marcopolo2002.com.

Mit dem Bus vom Flughafen nach Venedig.

Unterwegs in Venedig

- www.actv.it
- www.veneziaunica.it
- **Vaporetto:** Das wichtigste Verkehrsmittel der Stadt! Die Vaporetti (Linienboote) verkehren von 5 Uhr morgens bis 23 Uhr im 10- bis 20-Minutentakt, auf den wichtigsten Wasserstraßen auch die ganze Nacht durch (Einzelfahrt 7 €). An jedem Vaporettohaltepunkt werden die Stationen im Display angezeigt. **Fahrkarten** bekommt man in ACTV-Büros (z. B. Piazzale Roma) oder über www.veneziaunica.it. Es gibt verschiedene Tickets: 24 Std. kosten 20 €, 48 Std. 30 €, 72 Std. 40 €, 7 Tage kosten 60 €. Für 14–29-Jährige gibt es die **Rolling Venice-Card** (3 Tage kosten 20 €). Infos/Fahrpläne: www.actv.it und www.veneziaunica.it. **Wichtige Linien:** Canal Grande: Linie 1 und 2; Ringlinien, die sich für eine Stadtrundfahrt eignen: 4.1/4.2 und 5.1/5.2
- **Wassertaxi:** Teurer, aber auch schneller als Vaporetti. Sie dürfen zudem auch Wasserwege befahren, die für die Vaporetti tabu sind. Hier einige Preisbeispiele: Flughafen–San Marco 95 €, 10 Min. Fahrt kosten 25 €. Sammelplätze sind z. B. Flughafen, Ferrovia, Piazzale Roma, Rialto, San Marco, Lido.
- **Gondel:** Ein fantastisches Erlebnis, das seinen Preis hat: Die Gondelfahrt kostet ca. 80 € für 40 Min., nachts ca. 100 €, mit Musikbegleitung wird es noch teurer. Den Preis unbedingt vorher aushandeln!
- **Traghetto:** Hierbei handelt sich um Gondelfähren, die an manchen Stellen über den Canal Grande setzen. Die Einzelfahrt kostet ca. 2 €.

Liebe Leserin, lieber Leser,
wir freuen uns, dass Sie sich für diesen POLYGLOTT zu Fuß entdecken entschieden haben.

Unsere Autorinnen und Autoren sind für Sie unterwegs und recherchieren sehr gründlich, damit Sie mit aktuellen und zuverlässigen Informationen auf Reisen gehen können. Dennoch lassen sich Fehler nie ganz ausschließen. Wir bitten Sie um Verständnis, dass der Verlag dafür keine Haftung übernehmen kann.

Ihre Meinung ist uns wichtig. Bitte schreiben Sie uns:
TRAVEL HOUSE MEDIA GmbH, Redaktion POLYGLOTT, Grillparzerstraße 12, 81675 München, redaktion@polyglott.de
www.polyglott.de

1. komplett überarbeitete Auflage 2016

Dieses Buch wurde auf chlorfrei gebleichtem Papier gedruckt.
ISBN 978-3-8464-6212-6

Verlagsleitung: Michaela Lienemann
Redaktionsleitung: Grit Müller
Verlagsredaktion: Anne-Katrin Scheiter
Autorin: Gudrun Raether-Klünker
Redaktion: Buch und Gestaltung, Britta Dieterle und Heide-Ilka Weber
Bildredaktion: Ulrich Reißer
Titeldesign: fpm factor product münchen
Layoutkonzept: uteweber-grafikdesign
Karten und Pläne: GeoGraphic Production GmbH
Satz: uteweber-grafikdesign
Herstellung: Anna Bäumner
Druck und Bindung: Drukarnia Dimograf Sp.zo.o. (Polen)

TRAVEL HOUSE MEDIA

Ein Unternehmen der
GANSKE VERLAGSGRUPPE

Bildnachweis:

Coverfoto Santa Maria della Salute © dreamstime.com/Yashkru

Alamy/Pierre Bonbon: 63; Alamy/Matteo del Grosso: 108; Huber Images/Franco Cigoli: 22; Huber Images/Gräfenhain; 147; Huber Images/Johanna Huber: 100; Huber Images/Kaos: 32; Huber Images/R. Rinaldi: 126; Fotolia/Aludis: 88; Fotolia/antoinemonat: 104; Fotolia/Bergfee: 16; Fotolia/Emrpize: 123; Fotolia/Jörg Hackemann: 115-2; Fotolia/Jonathan: 113-1; Fotolia/katatonia: 75; Fotolia/Lamio: 58, 103-1; Fotolia/lapas77: 68; Fotolia/lfelix: 98; Fotolia/Carson Liu: 80; Fotolia/sonjador2: 122; Fotolia/Roberto Zocchi: 15; iStockphoto/Sebastien Cote: 55; iStockphoto/Lucca Fabbian: 44; iStockphoto/Richard Goerg: 51, 118; iStockphoto/Max Hommand: 30; iStockphoto/francesco riccardo iacomino: 146; iStockphoto/Timur Kulgarin: 119; iStockphoto/Massimo Merlini: 18; iStockphoto/Dan Moore: 28; iStockphoto/Luciano Mortula: 47-1; iStockphoto/pjgs: 43, 56; iStockphoto/rusm: 95; iStockphoto/Jürgen Schonnop: 59-1; iStockphoto/jozef sedmak: 120; iStockphoto/vesilvio: 34; iStockphoto/xyno: 140; iStockphoto/Peter Zelei: 10, 91; laif/Celentano: 142, 145; laif/hemis.fr/Christian Guy: 54; laif/Zurita/dePablo: 20; laif/Polaris/Manuel Silvestri: 134; Locanda Fiorita: 130, 133-1; LOOK-foto/Sabine Lubenow: 128; Metropol: 133-2; Pixelio/Thomas Max Müller: 11-, 11-2, 36, 70, 84; Pixelio/Daniel Stricker: 47-2; Pixelio/Birgit Winter: 23; Gudrun Raether-Klünker: 27, 31, 35, 39, 42, 48, 59-2, 67, 72, 76, 79-1, 79-2, 86, 87, 92, 94, 94-2, 103-2, 106, 107, 111, 112-1, 114, 124, 127, 132, 135, 134, 136, 138-1, 138-2, 141, 143-1, 143-2, 144, 148, 149; shutterstock/Angelo Giampiccolo: 112-2; Web Gallery of Art: 40, 64; Wikipedia/Nicolas Genin: 52.